Justice et société coloniales en Nouvelle-France

Historiques

Dirigée par Vincent Laniol
avec Bruno Péquignot et Denis Rolland

La collection « Historiques » a pour vocation de présenter les recherches les plus récentes en sciences historiques. La collection est ouverte à la diversité des thèmes d'étude et des périodes historiques.

Elle comprend trois séries : la première s'intitulant « travaux » est ouverte aux études respectant une démarche scientifique (l'accent est particulièrement mis sur la recherche universitaire) tandis que la deuxième intitulée « sources » a pour objectif d'éditer des témoignages de contemporains relatifs à des événements d'ampleur historique ou de publier tout texte dont la diffusion enrichira le corpus documentaire de l'historien ; enfin, la troisième, « essais », accueille des textes ayant une forte dimension historique sans pour autant relever d'une démarche académique.

Série Travaux

Hacina RAMDANI, *L'université et après ? Devenirs sociaux des filles et fils d'immigrés à l'université (1950-2010)*, 2021.
Hacina RAMDANI, *Filles et fils d'immigrés à l'université : le cas lyonnais (1950-1990)*, 2021.
Vittorio et Roswitha DI MARTINO, *L'histoire secrète du bâton de lit*, 2021.
Claude ROSSIGNOL, *Le Grand Hazier. Trois siècles d'histoire à La Réunion (Histoire et généalogie – du XVIIe siècle à nos jours)*, 2021.
François LE VAUQUELIN, *Le procès des frères Lespine, Agents de la Gestapo à Bordeaux*, 2021.
Pierre BONNEAU, *La légende napoléonienne vue par les écrivains romantiques britanniques (1796-1815)*, 2021.

Éric Wenzel

Justice et société coloniales en Nouvelle-France

Le procès de l'esclave amérindienne Marie en 1759

L'Harmattan

Du même auteur

La torture judiciaire dans la France de l'Ancien Régime : Lumières sur la Question, Dijon, Éditions universitaires de Dijon, 2011.

La justice criminelle en Nouvelle-France (1670-1760) : le Grand Arrangement, Dijon, Éditions universitaires de Dijon, 2012.

Thémis Outre-mer : adapter le droit et rendre la justice aux colonies (16e-19e siècles), Dijon, Éditions universitaires de Dijon, 2015 (avec Éric de Mari).

Justices d'exception dans les espaces coloniaux (16e-20e siècles) : la balance déséquilibrée de Thémis ultramarine, Dijon, Éditions universitaires de Dijon, 2018 (avec Éric de Mari).

La magistrature ultramarine au temps du Premier Empire colonial. Statuts, carrières, influences, Dijon, Éditions universitaires de Dijon, 2020 (avec Éric de Mari).

La Grenade française et ses institutions coloniales aux XVIIe et XVIIIe siècles. Entre échanges et dépendances, Paris, L'Harmattan, 2020.

5-7, rue de l'Ecole-Polytechnique, 75005 Paris

http://www.editions-harmattan.fr

ISBN : 978-2-343-24132-6
EAN : 9782343241326

Introduction

Le 29 décembre 1759, au terme d'un procès commencé quatre mois plus tôt, une dénommée Marie, présentée comme « sauvagesse originaire d'un village crit » (sic), entendons cri (ou *cree*), devenue esclave « panisse », est condamnée en appel par le Conseil supérieur de Québec à la pendaison pour tentative d'homicide à l'arme blanche sur ses deux maîtresses et pour cause de tentative de « crime contre soi-même » (suicide). Le drame se déroule à Trois-Rivières, petite ville de la Vallée du Saint-Laurent, au cœur de ce qui constitue alors le Canada, partie principale de la Nouvelle-France.

Ce procès n'est pas inconnu des historiens intéressés par l'une des colonies majeures de la France d'Ancien Régime. En 1953, à une époque où l'historiographie sur l'histoire judiciaire de la Nouvelle-France, et plus largement sur l'histoire de la justice sous les rois absolutistes, en était à ses balbutiements, paraissait un article sur cette affaire en apparence remarquable[1]. Son auteur s'intéressait surtout aux principaux « acteurs » dans le cadre d'une étude d'histoire locale. Plus récemment, André Côté, professeur d'histoire à l'Université du Québec à Chicoutimi, a fait une relation rapide du procès de l'esclave amérindienne Marie dans le précieux *Dictionnaire biographique du Canada* (en ligne)[2]. Les conclusions de cet historien paraissent sans appel : « Le procès de cette panisse (esclave amérindienne) démontre la sévérité de la justice criminelle en Nouvelle-France ; il indique également que l'esclave et la personne libre comparaissent devant le même tribunal et subissent leur châtiment dans les mêmes

1 Gérard Malchelosse, « Un procès criminel aux Trois-Rivières en 1759 », *Cahiers des Dix*, XVIII, 1953, p. 207–226.

2 http://www.biographi.ca/fr/bio/marie_3F.html, consulté le 25/03/2021.

conditions », suggérant, pour faire simple, du bon et du moins bon... Nous verrons que la prétendue sévérité de ladite justice s'inscrit pleinement dans une époque, celle de l'Ancien Régime français et dans le contexte colonial de la Nouvelle-France, qui ne peut être jugée à l'aune de nos critères contemporains, sous peine d'anachronisme. Il est vrai que, non sans paradoxe ou dichotomie, l'esclave amérindienne Marie a été jugée comme une justiciable ordinaire : les juges lui ont appliqué la procédure commune et ont respecté certains principes fondamentaux, notamment la présomption d'innocence, au cœur du procès criminel du XVIIIe siècle. Il est vrai également, et cependant, que le procès de Marie démontre certains « déboires » de la justice coloniale en Amérique française, notamment un manque de personnel judiciaire fiable et quelques difficultés à bien respecter une procédure pourtant étroitement cadrée par l'une des plus célèbres lois de l'Ancien Régime français, l'Ordonnance criminelle de 1670.

Plus récemment encore, Dominique Deslandres, professeure à l'Université de Montréal, a évoqué l'affaire de la « Sauvagesse » Marie dans une étude sur les « voix » des femmes amérindiennes esclaves présentes dans les archives judiciaires dans le Canada sous le régime français, tout en précisant, avec méprise, que l'accusée répond en français à ses juges, alors qu'elle a besoin de recourir à un interprète, ce qui n'est pas sans incidence sur la conduite de son procès[3].

Notre volonté de reprendre le dossier de ce que l'on peut appeler « l'affaire Marie » a trois origines que nous espérons former autant de légitimités.

La première tient dans notre intérêt pour l'histoire judiciaire de la Nouvelle-France depuis une dizaine d'années[4], qui nous a fait croiser le procès de cette Amérindienne devenue esclave et dont l'origine crie, peu commune dans les archives judiciaires

3 Dominique Deslandres, « Voix des esclaves autochtones et des esclavagistes : un cas d'histoire intersectionnelle dans les archives judiciaires de la juridiction de Montréal », *Les Cahiers des Dix*, n° 72, 2018, p. 145-175, particulièrement p. 160.

4 Éric Wenzel, *La justice criminelle en Nouvelle-France : le* Grand Arrangement *(1670-1760)*, Dijon, Éditions Universitaires de Dijon, 2012.

laissées par l'activité des tribunaux du roi de la Vallée du Saint-Laurent aux XVIIe et XVIIIe siècles[5], nous a interpellé.
La seconde est liée à une autre affaire judiciaire, bien plus connue, celle de la célèbre Marie-Josèphe Angélique, esclave noire condamnée à mort pour crime d'incendie volontaire à Montréal en 1734. Son procès a donné lieu à plusieurs études, de facture variable et dont certaines assurément critiquables parce que teintés d'anachronisme, de revendications féministes ou post-colonialistes qui n'ont pas l'heur de figurer dans une étude historique universitaire, de méconnaissance évidente de l'ancienne procédure pénale également. Ce cas judiciaire est trop souvent présenté comme l'archétype de la justice sous le régime français en Nouvelle-France, ce qui n'est que fort partiellement vrai[6]. La personnalité de l'accusée (il y a peu d'esclaves d'origine africaine dans le Canada d'avant le Traité de Paris de 1763, bien moins qu'en Louisiane, l'autre grande partie de la Nouvelle-France) et l'extrême gravité du crime alors poursuivi, rare au demeurant, assurent que ce procès, l'un des plus connus et des plus documentés de l'histoire de la Nouvelle-France, tient vraiment de l'exceptionnel. De plus, aucun abus de procédure ne peut y être décelé, contrairement à maintes idées reçues. En revanche, le procès de Marie-Josèphe Angélique comme celui de l'esclave autochtone Marie vingt-cinq ans plus tard peuvent aider à mieux comprendre les mécanismes de la justice de l'Ancien Régime français et du système colonial en place dans le Canada du XVIIIe siècle, à condition de procéder avec méthode. On connaît d'ailleurs d'autres vies d'esclaves amérindiennes, comme celle de Marie Marguerite (ou Marguerite Duplessis), connue pour avoir été « l'héroïne » d'une histoire assez rocambolesque à Québec en 1740, mais dont les biographies peinent à sortir de

5 André Lachance, *Crimes et criminels en Nouvelle-France*, Montréal, Boréal, 1984 et *Délinquants, juges et bourreaux en Nouvelle-France*, Libre Expression, 2011.

6 On préférera la lecture de D. Beaugrand-Champagne, *Le procès de Marie-Josèphe Angélique*, Québec, Libre Expression, 2004 et celle de P.F. Broder, *Marie-Josèphe Angélique*, Montréal-Québec, 21 juin 1734, Québec Éditions Cinq Continents, 1998, à A. Cooper, *La pendaison d'Angélique. L'histoire de l'esclavage au Canada et l'incendie de Montréal*, Montréal-Québec, Les Éditions de l'Homme, 2007. Voir aussi l'étude de Léon Robichaud, de l'Université de Sherbrooke, sur le site https://www.canadianmysteries.ca/sites/angelique/accueil/indexfr.html

l'anecdotique[7]. L'approche micro-historique, à partir d'un ou de quelques exemples ou quelques cas, ici judiciaires, assez bien documentés grâce à des archives bien conservées (c'est le cas des archives judiciaires de la Nouvelle-France[8]), peuvent effectivement, au-delà de leurs singularités, aider à comprendre un phénomène macro-historique. La *micro storia* italienne qualifie ces cas révélateurs de l'heureuse expression d'« exceptionnel normal.[9] » Il convient toutefois de dresser des comparaisons avec des réalités historiques connues et fiables, d'affirmer les limites de cette approche (ainsi trop considérer la partie pour le tout), de ne pas tomber dans le sensationnel ou l'anecdotique[10] et de se départir de tout sentimentalisme forcément postdaté. Ce genre d'approche de l'histoire de la justice à partir d'un cas particulier n'est évidemment pas une nouveauté et plusieurs travaux ont montré l'intérêt de la méthode, notamment pour l'époque dite moderne[11].

---

7 Gaétan Bélanger, *Marie Marguerite : Sauvagesse et esclave en Nouvelle-France*, Québec Loisirs, 2005 et Serge Bilé, *Marguerite Duplessis. Le combat d'une Amérindienne pour la liberté*, paru récemment en 2021 (il s'agit de romans sur fond d'une histoire authentique). Une biographie moins engagée de Michel Paquin dans le *Dictionnaire biographique du Canada*. Une autre biographie mérite d'être étudiée, celle de Marie-Anne Lagimodière, un temps esclave des Amérindiens Tsuu T'ina ou Sarcis, proches des Cris et des Pieds-Noirs, et grand-mère du métis Louis Riel, bien connu pour la révolte de la fin des années 1860 et fondateur du Manitoba : Marie Siggins, *Marie-Anne. La vie extraordinaire de la grand-mère de Louis Riel*, Québec, Septentrion, 2011.

8 Éric Wenzel, « Comprendre les enjeux du procès criminel en Nouvelle-France grâce à la richesse des archives judiciaires », communication aux Journées d'étude sur les archives judiciaires, BAnQ Vieux-Montréal, 3-6 mai 2021.

9 L'expression est de Giovanni Levi dans *Le pouvoir au village. Histoire d'un exorciste dans le Piémont du XVIIe siècle*, Paris, Gallimard, 1989. Voir surtout Jacques Revel « Micro-analyse et construction du social » dans Jacques Revel (dir.), *Jeux d'échelles. La micro-analyse à l'expérience*, Paris, Gallimard – Le Seuil, 1996, p. 31.

10 André Lachance, dans *Juger et punir en Nouvelle France*, Québec Libre expression, 2000, raconte huit parcours individuels à partir d'autant d'affaires judiciaires. Il est dommage que cet historien de la justice, à la plume alerte, reste ici au niveau de la « petite » histoire.

11 Arlette Lebigre, *Les dangers de Paris au XVIIe siècle. L'assassinat de Jacques Tardieu, lieutenant criminel au Châtelet, et de sa femme*, Paris, Albin Michel, 1991. Benoît Garnot, *Un Crime conjugal au XVIIIe siècle. L'affaire Boiveau*, Paris, Imago, 1993 et du même auteur, *Intime Conviction et erreur judiciaire. Un magistrat assassin au XVIIe siècle ?*, Dijon, EUD, 2004. Jean-Claude Becker, *Mort d'une servante. Un procès exemplaire*, Sarrebourg, Société d'histoire et d'archéologie de Lorraine, 2010. Éric Wenzel, *La justice partagée. Les magistrats bourguignons face aux meurtriers d'un curé de campagne à la fin du règne de*

Quant à la troisième origine, il s'agit du livre de l'historien français Alain Corbin. Dans *Le monde retrouvé de Louis-François Pinagot, sur les traces d'un inconnu, 1798-1876*, paru en 1998[12], ce grand historien des mentalités (ou d'histoire culturelle) avait cherché, et réussi, à retracer la vie d'un modeste sabotier illettré n'ayant laissé aucune trace écrite personnelle, surtout à inscrire cette vie banale dans la société française du XIXe siècle. Marie, d'origine crie, ne sachant ni lire, ni écrire, étrangère à la langue de ses maîtres, ou si peu qu'elle a besoin de la médiation linguistique d'un interprète (peu qualifié au point de s'adresser à elle en langue « outaouaise », une langue algonquine voisine du cri), nous a paru devoir être replacée dans son contexte historique, celui de l'Amérique septentrionale du XVIIIe siècle. Ce contexte est aussi celui des Premières Nations, de leurs échanges et de leurs conflits, celui d'un système colonial cherchant à imposer un « ordre » dont la justice est l'un des exemples les plus notables parce que celle-ci est exigée par le colonisateur à des populations indigènes qui n'en reconnaissent pas forcément les valeurs et les principes, et que l'on sait de ce fait difficile à leur imposer. Si les Amérindiens sont officiellement soumis au droit commun pour les questions pénales sous le régime français, la réalité démontre qu'il s'agit très largement d'un vœu pieux. Des questions de genres sont également à l'œuvre dans ces affaires judiciaires qui mettent en cause ou qui ont pour origine des personnalités féminines, même si Marie, en tant qu'esclave, ne bénéficie pas du statut juridique des femmes libres en Nouvelle-France[13]. Quoi qu'il en soit, le procès de Marie en 1759 ne peut

Louis XIV (1715-1727), Dijon, EUD, 2001.

12 Chez l'éditeur Flammarion.

13 André Lachance, « Women and Crime in Canada in the Early Eighteenth Century, 1712-1759 », dans L.A. Knafla (dir.), *Crime and Criminal Justice in Europe and Canada*, Waterloo, Wilfrid Laurier Press, 1981, p. 157-178 et F. Parent, G. Postolec, « Quand Thémis rencontre Clio : les femmes et le droit en Nouvelle-France », *Cahiers du droit*, vol. 36, mars 1995, p. 293-318. Voir surtout Dominique Deslandres, « Voices of Litigating Women in New France during the Seventeenth and Eighteenth Centuries. Elements of Research on the Judicial Culture of the Appellants in the Archives of the Royal Jurisdiction of Montreal (1693–1760) », dans Nancy Christie, Michael Gauvreau, Matthew Gerber (ed.), *Voices in the Legal Archives in the French Colonial World*, Abingdon, Routledge Press - Taylor & Francis Group, 2020, p. 258-280. Sur les capacités juridiques reconnues aux femmes, amérindiennes y compris, contrairement à une certaine *doxa* : David

se comprendre que replacer dans l'histoire du Canada d'avant 1763, dont il est en peu un révélateur, mais non un catalyseur. Avant que de l'étudier dans cette optique d'histoire globale (ou plus globale, il faut être modeste), rappelons-en les faits principaux[14]. Le 20 août 1759, en début d'après-midi, Marie-Josèphe Chastelain, épouse de Boucher de Niverville, et sa mère, née Marguerite Cardin, épouse Chastelain, dans le manoir familial[15], ordonnent à Marie un travail domestique. Celle-ci, qui aiguise alors un couteau de cuisine, agresse les deux femmes et les blesse, sans grande gravité toutefois. Alertés par les cris de deux habitantes, les voisins appellent les forces de l'ordre, en l'occurrence le lieutenant de roi, Nicolas-Joseph de Noyelles de Fleurimont, secondé par quatre soldats. Marie, qui s'est enfermée au grenier, est retrouvée pendue, mais est sauvée par l'intervention de la petite troupe. Dépêché sur les lieux, le chirurgien-major Alavoine constate les blessures des deux « victimes » et fait ce qu'il peut pour ranimer Marie. Le procès démarre aussitôt (on est dans une forme de flagrant délit) à la demande du procureur du roi Godefroy de Tonnancour (il n'y pas de plainte des deux agressées), qui lance l'accusation, et sous la conduite du « praticien » Jean le Proust, qui remplace au pied levé Hertel de Rouville, lieutenant criminel général civil et criminel de la juridiction de Trois-Rivières, absent, chargé en temps normal de l'instruction. Nous verrons que cette situation ne sera pas sans conséquence sur le strict respect de la procédure, même si, avouons-le d'emblée, aucun abus fondamental ne peut être avancé. L'armurier Joseph Chevalier est désigné d'office comme interprète, il fera au mieux. Le 11 septembre 1759, l'esclave est reconnue coupable de

---

Gilles, *Essais d'histoire du droit. De la Nouvelle-France à la Province de Québec*, Les Éditions Revue du droit, Université de Sherbrooke, 2014, p. 229-283.

14 Bibliothèque et Archives nationales du Québec (BAnQ) Québec,TP1, S777, D182, Fonds du Conseil souverain, f°338 à 397 v. : « Procès de Marie, Sauvage (Amérindienne) de la nation panis, prisonnière, native d'un village Crit, âge inconnu, demeure en qualité de servante chez monsieur Châtelain (Chastelain) à Trois-Rivières, et appartient à monsieur Boucher, sieur de Niverville, accusée d'avoir donné des coups de couteaux à Marguerite Cardin et à Marie-Josèphe Châtelain (Chastelain), et de s'être pendue ».

15 Construite au XVIIe siècle par le Sieur de la Poterie, agrandie par François Chastelain, officier des troupes de la Marine en 1729, cette demeure, dite manoir Boucher de Niverville, est l'une des plus anciennes de la ville.

tentative d'homicide (un meurtre, non un assassinat) et d'avoir essayé de se donner la mort (un double crime donc, qu'il conviendra d'expliquer) et est condamnée au bannissement à perpétuité du ressort de la juridiction de Trois-Rivières, à être fouettée et marquée de la fleur de Lys, ainsi qu'à une amende symbolique de trois livres tournois. Estimant la peine trop peu élevée, le procureur du roi interjette appel auprès du Conseil supérieur de Québec qui, le 29 décembre suivant, condamne « ladite Marie Sauvagesse à être pendue et étranglée jusqu'à ce que mort s'ensuive a une potence qui pour cet effet sera dressée en la place du marché de cette ville », et ordonne « que son corps mort y demeure exposé pendant deux heures » avant d'être jeté à la voirie, comme il est d'usage pour les suicidés interdits d'enterrement en terre consacrée.

Tels sont les faits, riches de plusieurs ouvertures vers une histoire plus large : comment expliquer la présence d'une Amérindienne crie à Trois-Rivières vers le milieu du XVIIIe siècle ? Comment l'histoire de Marie s'inscrit-elle dans les pratiques de l'esclavage des Amérindiens en Nouvelle-France ? Comment les juges de Trois-Rivières conduisent-ils un procès criminel fondé sur une procédure commune avec la métropole sans pouvoir la respecter complètement faute de formation adéquate et par manque de personnel judiciaire ? En quoi le procès de Marie est-il révélateur d'une impossible justice commune entre la métropole et l'une de ses principales colonies ? Pourquoi la plus grande sévérité de la haute magistrature coloniale à l'encontre d'une criminelle qui n'est pas réellement une meurtrière ?

Pour répondre à cette problématique multiple, nous invitons le lecteur à d'abord plonger dans l'univers originel de Marie, celui de la ou des nations cries au XVIIIe siècle et leurs contacts de plus en plus prononcés avec les Français de la Vallée laurentienne comme avec les autres nations amérindiennes indispensables médiatrices dans le fameux commerce des fourrures. On ne sait pas, il est vrai, si la future condamnée a vécu longtemps dans la culture crie (ou les cultures cries), mais rien ne permet de douter qu'elle a vécu « en crie » un temps plus ou moins long. Il s'agira ensuite de retracer le procès de celle qui est devenue une esclave « panisse » parmi des centaines d'autres, sans rechercher le sensationnel ou l'émotif, mais bien sous l'angle de la procédure pénale, on disait alors criminelle, et telle que définie par l'Ordonnance de 1670 et quelques références juridiques complémentaires. En somme, Marie a-t-elle été « bien » jugée selon les canons en vigueur ou bien la justice française (en fait les magistrats en poste au Canada) dévie-t-elle un peu, beaucoup, d'une droite ligne procédurale ? Enfin, nous replacerons l'affaire Marie dans son contexte colonial, celui d'une Nouvelle-France dans laquelle le colonisateur tente d'imposer un « système » importé de métropole, mais pas toujours pleinement applicable : tel est bien l'enseignement fondamental du procès de l'esclave Marie en 1759, celui de permettre de mieux comprendre ce qu'a été le Canada en tant que colonie sous le régime français.

Chapitre 1

Mais que diable allait-elle faire dans cette galère ?

Marie, une Amérindienne crie devenue « panisse »

L'histoire de l'esclave amérindienne Marie et de son procès quelques années avant la perte de la Nouvelle-France s'inscrit dans une histoire coloniale, celle de la présence de la France de Louis XV en Amérique septentrionale, plus précisément dans ce que l'on appelle alors le Canada (soit la Vallée du Saint-Laurent) et son prolongement, le Pays ou les Pays d'en Haut (la région des Grands Lacs). Les parages de la Baie d'Hudson, dite Baie du Nord, notamment la Baie James, sont éventuellement également concernés. Cet espace, convoité par l'Angleterre et la France depuis la fin du XVIIe siècle, ne fait cependant pas partie de la Nouvelle-France, qui comprend également la Louisiane, soit un immense territoire englobant la Vallée du Mississippi (la « Grande Rivière »), du Sud des Grands Lacs au Golfe du Mexique. Le cadre géo-politique et stratégique dans lequel s'inscrit l'histoire de Marie est donc celui d'une bonne partie du Canada contemporain, principalement les actuelles provinces du Québec et de l'Ontario. La petite ville de Trois-Rivières, fondée en 1634, est au XVIIIe siècle un carrefour d'échanges dans le fameux commerce des fourrures, même si Montréal est devenue le centre névralgique de la traite ; Québec conservant la prééminence politique et administrative au

Canada et, en théorie du moins, sur la Nouvelle-France tout entière[16]. Voilà pour le contexte[17].

L'intérêt premier du procès de 1759 tient dans le fait que, malgré leur caractère lacunaire sur les origines de l'esclave Marie, les archives judiciaires nous permettent de savoir que l'accusée est d'origine crie (ou *cree* selon les standards anglophones[18]), une des Premières Nations du Canada actuel (et plus marginalement des États-Unis). Cette précision est précieuse et n'est pas toujours mentionnée dans ce type de documentation. Plus qu'un destin individuel, que l'on va voir être quasiment impossible à déterminer, surgit ainsi toute une histoire coloniale, celle des rapports que les peuples amérindiens entretiennent entre eux et celle des rapports entre ces mêmes peuples et les Français, ou Canadiens comme s'appellent volontiers les habitants de la Vallée du Saint-Laurent au XVIIIe siècle. Si nous ne pouvons savoir où est née Marie, ni ce qu'elle a précisément vécu avant son arrivée à Trois-Rivières, la connaissance de ses origines disons ethniques nous permet de rappeler ce qu'étaient les Cris du temps de la Nouvelle-France (donc écrire sur la possible vie quotidienne de l'accusée une partie de son existence). Il s'agit d'emblée d'une histoire complexe ; une complexité renforcée par les bouleversements apportés par le colonisateur, ou les colonisateurs puisque les Anglais ne sont pas entièrement absents dans cette histoire de la présence française en Amérique du Nord. Bouleversement majeur, à la fois dans un destin brisé, celui d'une Amérindienne crie devenue esclave « panisse », selon le vocabulaire en usage aux XVIIe et XVIIIe siècles, et comme phénomène colonial global, l'esclavage amérindien au Canada au cours de cette période se doit être rappelé pour mieux comprendre un procès révélateur de la société coloniale qui l'a vu se dérouler et qui en est en réalité la matrice.

16 La Louisiane bénéficie de fait d'une quasi autonomie.

17 Gilles Havard, Cécile Vidal, *Histoire de l'Amérique française*, Paris, Flammarion, réédition 2014, chapitre 2, p. 99-135.

18 Précisons que le vocable anglais *Cree*, de plus large acception, englobe des populations amérindiennes, comme les Montagnais, non considérées comme des Cris par les Français du XVIIIe siècle. Ce n'est qu'un détail.

La région des Grands Lacs et la Baie d'Hudson d'après une carte de 1719[19] *: on y voit fait mention des Cristianoux, Kilistinons et Cristianaux, autrement dit, des Cris.*

19 *Carte de la Nouvelle France : où se voit le cours des Grandes Rivieres de S. Laurens & de Mississipi, aujour d'hui S. Louïs, aux environs des-quelles se trouvent les etats, païs, nations, peuples &c. de la Floride, de la Louïsiane, de la Virginie, de la Marie-lande, de la Pensilvanie, du Nouveau Jersay, de la Nouvelle Yorck, de la Nouv. Angleterre, de l'Acadie, du Canada, des Esquimaux, des Hurons, des Iroquois, des Ilinois &c., et de la Grande Ile de Terre Neuve* (Domaine public, via Wikimédias Commons)

MARIE, « SAUVAGESSE ORIGINAIRE D'UN VILLAGE CRI »

Lors de son interrogatoire à l'occasion de son procès criminel, l'esclave Marie répond être originaire d'un village cri, ainsi qu'il a déjà été précisé. Outre le fait que l'historien n'a pas toujours accès à ce genre d'information dans les archives laissées par l'activité judiciaire sous le régime français, la chose est d'autant plus intéressante que cette mention d'appartenance particulière est peu fréquente dans l'espace laurentien au XVIIIe siècle. Des Hurons, des Iroquois, des Abénaquis, des esclaves Renards[20] et autres Amérindiens de la Haute Louisiane, etc., se rencontrent plus volontiers dans les villes et villages de la Vallée laurentienne que les Cris, dans une colonie largement multi-ethnique[21]. Au-delà d'une histoire individuelle, c'est donc tout un monde alors en pleine transformation qu'il nous est permis de retracer, ou plus exactement rappeler. Avouons-le, en tant qu'historien du droit et des institutions, notre spécialité universitaire, l'histoire des Nations autochtones, pour employer une expression québécoise, ne fait pas partie de notre champ de recherche habituelle, même si nous l'abordons ici en tant qu'amateur éclairé et que de précédents travaux sur l'histoire judiciaire de la Nouvelle-France nous ont déjà permis d'aborder la « question amérindienne ». Surtout, une pléiade d'historiens, d'ethnologues et d'anthropologues, français et surtout canadiens, ont proposé des travaux de qualité sur lesquels nous allons allègrement nous appuyer. Il est vrai que les Cris ne sont pas le peuple le plus aisément accessible à un non-spécialiste. La bibliographie les concernant est assurément plus restreinte que celle sur les mythiques tribus des Grandes Plaines, à l'instar des Lakotas (Sioux), mais également des Comanches[22] ou bien encore des Apaches. Même en ce qui concerne les Nations amérindiennes présentes au temps de la Nouvelle-France, les Hurons et les Iroquois, entre autres exemples, sont mieux

---

20 Un peuple partiellement décimé au début des années 1730 par les Français : Raphaël Loffreda, *L'Empire face aux Renards, La conduite politique d'un conflit franco-amérindien (1712-1738)*, Québec, Septentrion, 2021.

21 Gilles Havard, Cécile Vidal, *op. cit.*, chapitre 4.

22 Voir sur ce peuple l'excellent livre de Pekka Hämäläinen, *L'Empire comanche*, Anacharsis Editions, 2012, pour la version française.

documentés que les complexes Cris ; complexes car à la vérité divisés en plusieurs branches largement définies en fonction de la géographie. Ceci ne favorise pas la connaissance des origines de Marie, personnage amplement énigmatique.

Marie, une Crie de l'Est ou de l'Ouest ? Le mystère des origines

Puisque ce livre est aussi l'occasion de retracer un parcours individuel « représentatif » de l'histoire du Canada de l'époque de l'Ancien Régime français, il n'est pas inintéressant de chercher à savoir d'où est originaire l'héroïne malheureuse de cet ouvrage. Une Amérindienne crie, c'est entendu, mais plusieurs hypothèses peuvent être avancées pour tenter de combler le mystère des origines de celle-ci, non tant par souci d'anecdote, mais parce que la « grande histoire » est ici partiellement et potentiellement en jeu. Par delà cette vie minuscule, pour user d'une expression chère à l'écrivain français Pierre Michon[23], c'est un peu des sociétés indigènes et coloniales dans l'Amérique française qui se dessine.

On remarquera d'emblée que si nous ne connaissons pas l'âge de Marie à l'époque de son procès, pas plus qu'elle ne le connaissait elle-même[24], il est loisible d'affirmer qu'elle ne devait pas vivre depuis longtemps au sein d'une famille française, dans une ville ethniquement colorée, mais au français comme langue officielle de la majorité de ses habitants. En effet, Marie a besoin de l'intervention d'un interprète, ce qui indique qu'elle ne maîtrise pas ou guère la langue de ses maîtres. Nous aurons l'occasion de rappeler que l'on peut ainsi écarter l'idée d'une mise en esclavage précoce, état de fait qui aurait certainement eu comme conséquence la perte de son identité sur ses origines et largement sa langue de naissance.

23 *Vies minuscules*, Paris, Gallimard, 1984.

24 Elle répond ne pas savoir son âge au juge qui l'interroge à ce sujet.

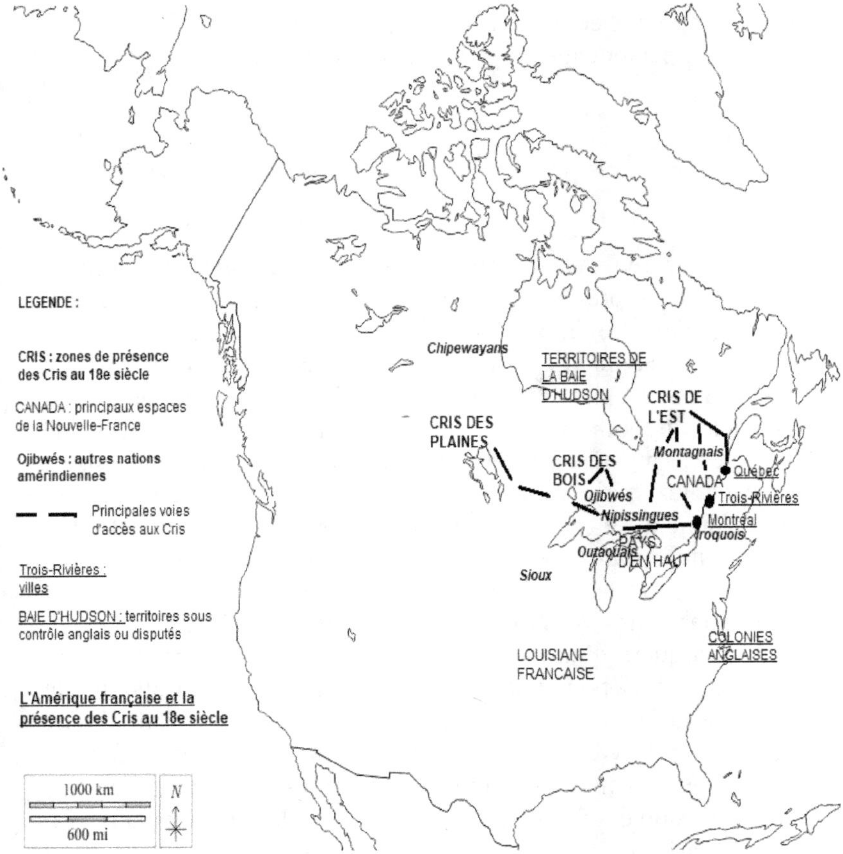
LEGENDE :
CRIS : zones de présence des Cris au 18e siècle
CANADA : principaux espaces de la Nouvelle-France
Ojibwés : autres nations amérindiennes
Principales voies d'accès aux Cris
Trois-Rivières : villes
BAIE D'HUDSON : territoires sous contrôle anglais ou disputés
L'Amérique française et la présence des Cris au 18e siècle
1000 km
600 mi
N
Chipewayans
TERRITOIRES DE LA BAIE D'HUDSON
CRIS DE L'EST
CRIS DES PLAINES
Montagnais
CRIS DES BOIS
CANADA
Québec
Ojibwés
Trois-Rivières
Nipissingues
Montréal
Iroquois
PAYS D'EN HAUT
Outaouais
Sioux
LOUISIANE FRANCAISE
COLONIES ANGLAISES

Marie se sait crie, parle sans doute encore sa langue natale, mais que signifie plus précisément cette réalité ? En effet, le peuple ou nation cri(e) à l'époque du procès renvoie à une réalité multiforme et complexe bien étudiée par nombre de spécialistes. Autrement dit, qui sont les Cris au XVIIIe siècle, ces « chasseurs de la toundra et de la taïga[25] » ?

Divisés en plusieurs rameaux ou branches ethnolinguistiques, les Cris forment au moins trois grosses « entités » à peu près remarquables : les Cris de la Baie James (*Eenouch Eeyouch)*, les plus orientaux, les Cris des bois (*Sakâwiyiniwak* et *Moskégons*[26]*)*, qui occupent un vaste espace au Nord de la région des Grands Lacs et jusqu'à la Baie d'Hudson, avec des prolongements jusque dans le Manitoba voisin, les Cris des plaines (*Nehiyawak)*, certainement issus des précédents, installés les plus à l'Ouest. Trois hypothèses sont donc possibles quant à l'origine de Marie. Deux semblent cependant l'emporter par l'appui sur des arguments historiques, mais sans aucune certitude.

Au XVIIIe siècle, certains historiens estiment à près de 350 000 – ce qui semble beaucoup - les individus qui forment ce que l'on appelle aujourd'hui la Nation crie, très largement répartie sur le Canada actuel, du Québec à l'Alberta. L'aire de répartition est donc large, l'une des plus larges du monde amérindien septentrional[27]. Notons que la démographie contemporaine est assez proche de ce qu'elle était alors, après une période (XIXe - début du XXe siècles) pendant laquelle les Cris, comme les autres peuples amérindiens, ont largement décliné numériquement parlant[28]. Indiqués souvent sur les cartes et dans les textes anciens par les vocables français ou francisés de Kristineaux, Knistineaux, Cristineaux, Kilistinons, etc., les Cris forment une entité autochtone qui occupe déjà

25 Olive Patricia Dickason, *Les Premières Nations du Canada. Histoire des peuples fondateurs depuis les temps les plus lointains,* Québec, Éditions du Septentrion, réédition 1996, p. 69.

26 Certains auteurs distinguent ceux-ci des Cris des Bois proprement dits, alors que d'autres les confondent volontiers.

27 « Cris » dans l'*Encyclopédie canadienne.*

28 On ne compte plus que 5000 Cris environ au début du XIXe siècle. La démographie actuelle est à nuancer sans doute du fait que beaucoup de personnes ayant des ascendances cries peuvent aisément se déclarer comme telles.

l'une des plus vastes aires géographiques à l'époque de la Nouvelle-France, avec le risque de confusions des sources anciennes les concernant[29]. D'où Marie venait-elle précisément ? Impossible de le savoir, mais il n'est pas interdit d'essayer de comprendre en quoi son histoire dramatique permet de mieux apprécier l'histoire de son peuple à l'époque des faits étudiés.

Situés près de la Baie James, qualifiée volontiers d'« *inhospitable country* », dans la partie méridionale de la plus vaste Baie d'Hudson, les Cris de l'Est entrent dans l'histoire européenne en 1611 lorsque le navigateur et explorateur anglais Henry Hudson les rencontre lors de son périple tragique[30]. Certains ethno-historiens distinguent chez ceux que l'on désigne aussi comme les Cris des marais (*Swampy Cree*), les Cris de la côte (« *Coasters* »)[31] de ceux de l'intérieur (« *Inlanders* »), dont l'aire de répartition s'étend jusqu'au Labrador. C'est surtout dans la seconde moitié du XVIIe siècle que les Cris orientaux deviennent un enjeu dans la traite des fourrures qui se met alors en place dans cette région subarctique, dans laquelle Français et Anglais (aidés par les fameux coureurs des bois français Radisson et son beau-frère Des Groseilliers, écœurés du peu d'intérêt de Louis XIV pour le développement de la présence française dans cette partie du continent nord-américain) se heurtent[32]. C'est vers 1670 que les documents mentionnent sensiblement les Cris de l'Est, dont Marie est peut-être originaire. Si tel est le cas, alors Marie faisait partie des huit « bandes » répertoriées à l'occasion des premiers contacts avec les Européens dans la seconde moitié du

29 Charles A. Bishop, « Territorial Groups before 1821 : Cree and Ojibwa », in *Subartic*, Smithsonian Institution Washington, volume 6, 1981, p. 158-160. Il est en effet possible que des Indiens présentés comme Cris, soient potentiellement Ojibwés, voire Nipissingues, du-moins au Nord des Grands Lacs. Certains auteurs contemporains confondent encore les Cris (Crees) avec les Creeks, ou Muskogis, qui vivaient et vivent encore au Sud-est des États-Unis !

30 Marie-Hélène Fraïssé, *L'impensable rencontre. Chroniques des « sauvages » de l'Amérique du Nord*, Paris, Albin Michel, 2014, p. 89-90.

31 Connus pour pratiquer la pêche en plus de la chasse.

32 Daniel Francis, Toby Morantz, *Partners in Furs. A History of the Fur Trade in Eastern James Bay 1600-1870*, Mc Gill-Queen's University Press, Kingston and Montreal, 1983. La citation précédente en page 1. La Baie James, en climat subarctique, est glaciale l'hiver, envahie de moustiques l'été. L'agriculture y est impossible.

XVIIe siècle, notamment par quelques missionnaires français vers 1660-1670, mais aussi par les Anglais employés par la Compagnie de la Baie d'Hudson sensiblement vers la même période[33]. On peut préciser néanmoins que des écrits jésuitiques évoquent les Cris de la Baie James dès les années 1640, sans que les contacts aient alors été réellement établis (hormis l'épisode de 1611). Toutefois, certains anthropologues ou ethnologues admettent que certaines de ces « bandes » étaient sans doute liées aux Montagnais (ou Innous) plutôt qu'aux Cris, mais rien de bien assuré quoi qu'il en soit.
Marie peut être une Crie de la Baie James, nous insistons : en effet, pas moins de trois routes partaient de la Vallée du Saint-Laurent en direction des territoires du Nord. Champlain les évoque dès 1603 alors même qu'il ne connaît pas les Cris, preuve d'échanges déjà fructueux entre Amérindiens[34]. La première et principale partait de Québec et passait par la rivière Saguenay et le Lac Saint-Jean en direction du Lac Mistassini (l'un des vocables employés par les Cris pour se désigner) et faisait des Montagnais des intermédiaires obligés. La seconde partait précisément de Trois-Rivières (indication importante !) et passait par la rivière Saint-Maurice : c'est la route utilisée par le Père Albanel en 1672 et sans doute par Radisson et Des Groseilliers vers la même période et dans les années à venir. La troisième suivait la rivière des Outaouais (Ottawas), voie d'eau empruntée également pour les voyages de traite et de commerce vers les Grands Lacs, et permettait aux Hurons de joindre les Nipissingues qui, eux, entraient en contact direct avec les Cris (mais au XVIIIe siècle, ces deux Nations autochtones ont été remplacées par les Ojibwés et les Outaouais)[35]. Les années 1670-1690[36] sont celles d'une concurrence féroce entre Français et Anglais pour le contrôle de la Baie James et plus largement de la Baie d'Hudson ; concurrence marquée par des épisodes de conflits armés et la destruction du Fort Saint-Jacques (ou

33 *Idem*, p. 11-15.

34 Daniel Francis, Toby Morantz, *op. cit.*, p. 17-18.

35 Voir aussi Olive Patricia Dickason, *op. cit.*, chapitre IX, p. 131 sq. Détails ô combien intéressants dans la mesure où Marie et son interprète dialoguent en langue « outaouaise » pour mémoire !

36 Daniel Francis, Toby Morantz, *idem*, chapitre 3.

Charles Fort selon la dénomination anglaise) en 1693. Après cette date, le poids des Français dans le commerce des fourrures devient réel dans les premières décennies du XVIIIe siècle, notamment du fait des meilleurs prix proposer aux locaux, et il est possible que Marie ait été une victime de raids menés par les Français et leurs alliés amérindiens dans les territoires du Nord (par exemple sur quelque village proche des forts anglais) ou bien offerte comme cadeau, soit à des Autochtones travaillant pour le compte des Français, soit directement à des coureurs des bois venus de la Vallée laurentienne. Nous verrons que les filles, quand elles n'étaient pas victimes de quelque infanticide, pouvaient précisément être conservées comme « monnaie d'échange » dans les relations de troc. Dans les années 1730-1750, le commerce des fourrures entre le Canada et la Baie James était fructueux et la perte du Canada par la France (de fait vers 1760, de droit en 1763) marque un coup d'arrêt temporaire bien visible sur les différents graphiques que l'on peut effectuer sur ce phénomène historico-économique[37]. Nous avons ainsi une première piste sérieuse quant à la possible origine ethno-géographique de Marie, celle d'avoir appartenu au peuple des Cris de la Baie James, mais il ne s'agit pas d'une origine assurée ni la seule potentielle. Un détail linguistique cependant : les Cris de la Baie James parlent une langue plus proche de celle des Innous que des Outaouais[38], ce qui au regard des informations données par son procès peut faire pencher pour une autre origine.

Marie peut effectivement être née chez les Cris des bois, que d'aucuns ethno-historiens intègrent dans un plus vaste ensemble, celui des Cris de l'Ouest (avec ceux des plaines donc)[39]. Laissons ces précisions de spécialistes pour nous concentrer sur les arguments qui plaident en faveur d'une possible origine plus occidentale de Marie, qui peut être issue des Moskégons, ainsi que se nomment les Cris de la région au Nord des Lacs (avec des prolongements jusque dans la partie ouest de la Baie d'Hudson). Les Français sont entrés en contact

---

37 *Idem*, p. 51-57.

38 Richard J. Preston, « East Main Cree », in *Subartic*, *op. cit.*, p. 196-207

39 John J. Honigmann, « West Main Cree », in *Subarctic, op. cit.*, p. 217-230 et James G.E. Smith, « Western Woods Cree », in *idem*, p. 256-270.

avec ceux-ci vers le milieu du XVIIe siècle, *via* la Rivière des Outaouais, ainsi qu'il a été précisé, mais également par deux autres voies. L'une passait par le Lac Huron et l'autre par le Lac Nipigon (actuelle province de l'Ontario). Lorsque le fameux Radisson rencontre les Sioux[40] en 1659-1660 dans ce secteur, une cérémonie de rapprochement est faite avec les Ojibwés et les Cris pour favoriser la mise en place d'une nouvelle plaque commerciale dans cette région aux confins des territoires sous obédience française[41]. La langue outaouaise utilisée pour dialoguer avec Marie lors de son procès semblerait également démontrer qu'elle venait possiblement de l'actuelle province de l'Ontario, où se situaient également les Outaouais depuis le XVIIe siècle[42] (qui occupaient aussi une partie de l'actuel Michigan, d'où viendra le fameux chef Pontiac et sa révolte des années 1760) et voisins des Ojibwés. Là encore, c'est la mise en place d'un réseau de traite à grande échelle qui explique la possible origine de Marie. La rivière des Outaouais y joue un rôle majeur pour aller commercer, depuis la Vallée du Saint-Laurent, avec les Indiens de la Baie d'Hudson et avec ceux situés dans et au-delà du Pays d'en Haut, espace que la France intègre officiellement à l'administration canadienne (Montréal) depuis 1671. On peut préciser que « Outaouais » renvoie à l'idée de « marchands » ou de « traiteurs », signifiant une position d'intermédiaires commerciaux obligés[43]. Marie parle la langue outaouaise, en fait un dialecte issu de la langue algonquienne des Ojibwés ou Chippewas avec qui les Outaouais, ou Odawas, forment la nation des Anichinabés[44]. Le dialecte outaouais est donc proche de la langue crie (ou des idiomes cris). Si Marie est une Crie des Bois, elle a dû être en contact fréquent avec ces proches voisins, dans ces territoires situés alors au-delà du Canada, mais à la présence française de

---

40 Qui n'ont pas encore vraiment atteint les Grandes Plaines à cette date, mais vivent juste de l'autre côté des Grands Lacs, dans l'actuel Minnesota.

41 Marie-Hélène Fraïssé, *op. cit,* p. 210 et *Radisson. Indien blanc, agent double,* Paris, Actes Sud, 2008, p. 161-167. C'est à cette occasion que les Cris invitent Radisson à s'en aller au Nord trapper le castor vers la Baie d'Hudson.

42 Marie-Hélène Fraïssé, *L'impensable rencontre...*, p. 226.

43 *Encyclopédie canadienne*, article « Outaouais ».

44 « Odawas » dans l'*Encyclopédie canadienne*, en ligne.

plus en plus marquée[45]. L'hypothèse d'une naissance de Marie chez les Cris des bois n'est donc pas farfelue, loin s'en faut, c'est même l'une des deux hypothèses la plus vraisemblable, mais pouvait-elle venir de plus loin encore ?
Autrement dit, Marie est-elle une Crie des plaines ? La chose est également possible, mais peut-être un peu plus hypothétique. On sait que les Cris des Plaines sont sans doute au XVIIIe siècle un surgeon de leurs voisins des bois, quoiqu'une dispute oppose l'historiographie les concernant[46]. Pour certains historiens, comme D. Mandelbaum, une partie des Cris se seraient en effet déplacés vers l'Ouest à la fin du XVIIe siècle dans le cadre du développement de la traite des fourrures, voire vers 1650 à la suite de la pression des Iroquois sur les Grands Lacs après la chute de la Huronnie[47]. Le célèbre explorateur Pierre Gaultier de La Vérendrye (1685-1749) les rencontre lors de son périple vers les Grandes Plaines dans les années 1730[48], mais on sait avec assurance qu'ils étaient déjà là à la fin du XVIIe siècle. L'Anglais Henry Kelsey les suit lors de son périple depuis Fort York, actuelle Toronto, vers le Lac Winnipeg et la Saskatchewan en 1690, après une campagne de traite dans la région des Grands Lacs[49]. Pour d'autres historiens, comme Russell, les Cris étaient déjà bien installés dans les plaines (la partie la plus septentrionale de celles-ci en fait) avant même l'arrivée des Européens dont les sources écrites trahiraient une histoire plus ancienne et difficilement accessible faute de documentation. Exemple parmi d'autres que l'histoire amérindienne n'est en rien une histoire figée et que la

---

45 Même si à l'époque de la Nouvelle-France, les Amérindiens, qualifiés, comme l'est Marie dans les archives de la justice, de « sauvages » par distinction des « domiciliés » de la Vallée du Saint-Laurent, resteront toujours majoritaires.

46 Dale R. Russell, *18th Century Western Cree and their Neighbours*, Canadian Museum of Civilization. Hull, Quebec, 1991 *vs* David G. Mandelbaum, *The Plains Cree: an ethnographic, historical and comparative study,* Canadian plains research center, University of Regina, 1979.

47 Les Hurons ou Wendats occupaient une région à l'Est immédiat des Grands Lacs, avant d'aller se réfugier aux abords de Québec où on les trouve encore dans la réserve de Wendake.

48 Olive Patricia Dickason, *op. cit.*, p. 141-142

49 Marie-Hélène Fraïssé, *op. cit.*, p. 232 sq. Pour l'historien Mandelbaum, le terme de Cris des plaines seraient d'ailleurs un peu déformateur de la réalité de leur extension car au XVIIIe siècle ils occuperaient plutôt une zone tampon entre la fin des grandes forêts et le début des plaines. Ce ne serait qu'au début du XIXe siècle qu'ils auraient vraiment gagné les grandes plaines, jusqu'en Alberta.

présence de telle nation autochtone dans tel territoire contemporain est le résultat, précisément, des aléas d'événements plus ou moins anciens. Sans doute les Cris des plaines maîtrisaient aussi la langue des Outaouais, leurs anciens voisins. Les dialectes cris et l'outaouais appartiennent aux langues algonquiennes et les deux peuples, quelle que soit la situation géographique des uns et des autres, devaient se comprendre plus ou moins, certainement moins toutefois que pour les Cris de l'Est avec leurs voisins dits des bois[50]. Si la plus grande distance d'avec Trois-Rivières est un argument en défaveur d'une origine crie des plaines, n'oublions pas que des Amérindiens venus de fort loin, de la Vallée du Mississippi notamment, se retrouvent alors esclaves au Canada, la majeure partie de la population servile du Québec à Montréal en réalité. Marie peut donc avoir été victime de ces déplacements de populations des Cris vers l'Ouest ; déplacements dus au développement de la traite et aux conflits entre tribus amérindiennes (conflits en partie engendrés par le commerce avec les Européens comme on le sait). Autre argument, celui qui concerne Pierre Gaultier de La Vérendrye, précédemment nommé, qui se fait une spécialité du commerce des esclaves amérindiens en provenance des régions situées dans et au-delà du Pays d'en Haut à compter des années 1730[51]... Autre élément : Marie-Anne Gaboury ou Lagimodière, évoquée dans une note de l'introduction, était originaire de la région de Trois-Rivières, ce qui ne l'a pas empêché de passer une partie de sa vie chez les Indiens des grandes plaines canadiennes de la Saskatchewan et de l'Alberta (au XIXe siècle il est vrai). Un voyage dans un sens peut fort bien avoir été fait dans l'autre quelques décennies plus tôt.

Ces échanges des Cris avec les Français à compter du règne de Louis XIV ne sont pas sans incidence sur la vie quotidienne des premiers. Se pose alors la question de l'existence qu'a pu connaître la future esclave Marie dans sa Nation originelle. Marie n'a pas toujours été esclave (sauf à considérer qu'elle est née de parents déjà de condition servile, hypothèse également plausible dans la mesure où c'est plutôt à Montréal que Cris - et Outaouais - se rendaient volontiers dans le cadre d'un

---

50 Jean L. Okimāsis, *Cree, language of the Plains = Nēhiyawēwin paskwāwi-pīkiskwēwin*, Canadian Plains Research Center. Regina, 2004.

51 Voir l'article que lui consacre le *Dictionnaire biographique du Canada* en ligne.

commerce des fourrures en déclin à Trois-Rivières au XVIIIe siècle) et son parcours possible témoigne là encore d'une ethnohistoire plus large et non figée.

Une vie chez les Cris

Il s'agit ici d'un essai de reconstitution d'une possible tranche de vie. Ne sachant ni à quel âge Marie, sans doute de force, a été échangée ou vendue pour devenir « panisse », ni d'où elle venait vraiment, les lignes qui vont suivre n'ont pas d'autres ambitions que de rappeler quelques éléments centraux de et sur la vie des Cris au XVIIIe siècle, tels que l'on peut les connaître par les traditions orales, l'archéologie expérimentale ou encore les récits des voyageurs, avec le risque d'un prisme déformant. Quoi qu'il en soit, les anciens Cris nous sont assez bien connus quant à leurs modes de vie ; le pluriel étant ici de rigueur compte tenu du fait de leur éclatement géographique propice à quelques divergences culturelles.

L'historien Toby Morantz a souligné les difficultés d'étudier les modes de vie des Cris avant le XIXe siècle. Faute de sources écrites précises pour l'époque de Marie, les méthodes de l'anthropologie ne fonctionnent bien que pour le siècle suivant. Toutefois, si l'on adopte le point de vue de cet historien, à savoir que les Cris n'auraient pas été fondamentalement bouleversés dans leur organisation sociale et leurs modes d'existence (hormis des changements alimentaires et en matière de culture matérielle) avant les années 1850, alors on peut supposer que nombre de choses décrites pour cette période existaient du temps de la Nouvelle-France[52].

Sans trop entrer dans des détails qui tiendraient de l'argutie, nous insisterons surtout sur les éléments communs à la culture crie, au plus exactement aux cultures cries, pour mieux mettre en avant quelques différences notoires au sein d'une population indigène qui entend aujourd'hui former une unique Nation autochtone. Ainsi, il est évident, compte tenu des milieux

---

52 Toby Morantz, *An ethnographic Study of Eastern James Bay Cree social organization*, Ottawa, National Museum, 1983, p. 60.

naturels, que les Cris de la Baie James ne peuvent entièrement partager au XVIIIe siècle le mode de vie de ceux de leurs cousins occidentaux. Les premiers vivent dans des wigwams (huttes) de peaux, alors que les Cris des bois utilisent plutôt des wigwams faits de planches de bois et que ceux des plaines ont à l'époque commencé à adopter une partie des us et coutumes des Indiens de la prairie (tipis, cheval[53], chasse aux bisons, danse du soleil, etc.). Le contact avec les Européens bouleverse évidemment ces modes de vie dits traditionnels, qui eux-mêmes évoluaient en interne, si l'on peut le formuler ainsi. Les Cris de la Baie James et des Grands Lacs sont ainsi munis d'armes à feu avant ceux des plaines. Pour l'heure, rappelons la probable vie qu'a, un temps, connue celle qui est le dénominateur commun de cet ouvrage.

Si Marie vient de la Baie James, elle a vécu un mode d'existence rude, largement centré sur la consommation de viande de caribou, mais également de castor. Les élans (orignaux ou *moose*, selon la terminologie nord-américaine anglophone[54]) ne sont pas ou guère présents dans cette partie trop septentrionale du bouclier canadien et à la végétation de toundra plus que de forêt boréale. Le lièvre variable et occasionnellement l'ours noir complétaient le régime alimentaire des Cris de la Baie James[55]. Les quelques arbres présents dans la région servaient à la vie domestique : fabrication des canoës, des semelles de mocassins, pour les structures des wigwams, pour confectionner des raquettes à neige ou encore comme plantes médicinales, etc.[56]

---

53 Quoique l'adoption du cheval devait à peine avoir commencé à l'époque du procès de Marie. La Vérendrye note la présence du cheval chez les Cris des plaines en 1738, mais sans que cette présence soit encore très développée (Mandelbaum, *op. cit.*, p. 60). Ce sont les Comanches qui paraissent débuter vers 1700 la domestication des chevaux laissés par les Conquistadors espagnols qui ont exploré le Sud des États-Unis actuels au XVIe siècle. La plupart des grandes tribus des Plaines leur emboîtent le pas à compter de 1730 environ, selon une distribution Sud/Nord. Les Sioux par exemple ne semblent devenir une Nation équestre que vers 1750.

54 On rappellera qu'en Amérique du Nord, *elk* (élan en anglais) désigne en fait le wapiti, l'un des plus célèbres cervidés du sous-continent. Petite erreur de traduction que l'on retrouve souvent dans les ouvrages de littérature ou les romans....

55 Daniel Francis, Toby Morantz, *op. cit.*, p. 10-11.

56 *Idem*, p. 5-6 et Toby Morantz, *An ethnographic Study, op. cit.*

Une Marie venant d'une vaste région autour des Grands Lacs a connu une vie proche, centrée sur les tâches domestiques dévolues aux filles et aux femmes dans une stricte séparation des sexes, ainsi le tannage des peaux, la récupération des tendons et des os des animaux chassés, le débardage du bois pour en faire des canoës et la construction des wigwams, la confection de berceaux traditionnellement portés dans le dos, la surveillance du feu, le coupage du bois, l'apprentissage de la cuisine, la cueillette de baies et de racines, de plantes, etc. Elle a dû suivre les déplacements de son village par voies d'eau et par le recours aux chiens (ou à cheval selon), à la fois animaux de bâts et nourriture, en fonction de l'épuisement des ressources locales et des migrations des animaux[57]. On connaît assez bien le mode de vie des Cris des plaines, mais surtout à partir d'éléments ethnographiques des siècles ultérieurs (les voyageurs sont moins diserts sur eux dans les périodes plus anciennes), qui devaient peut-être être pratiqués avant, mais sans certitude. Quoi qu'il en soit, hormis l'adoption progressive d'éléments de la culture des plaines, les Cris les plus occidentaux connaissaient une vie sociale et culturelle assez proche des autres branches de ce grand peuple.

Danse chez les Cris des plaines que Marie peut peut-être avoir connue avant sa mise en esclavage[58]

57 James G.E. Smith, « Western Woods Cree », *op. cit.*, p. 260 sq

58 Tirée de Victor Tissot et Constant Améro, *Les contrées mystérieuses et les peuples inconnus*, 1884 (Gallica, *Public domain*, via Wikimedia Commons).

Il est certain que Marie a connu dans les premières années de son existence d'enfant crie une partie, au moins, des grands cycles de la vie[59] : sa naissance a dû se faire par l'aide de vieilles femmes, qui l'ont très vite placée dans un berceau porté par sa mère comme un de nos modernes sacs à dos, rembourré de mousse. Lapalissade, elle n'a pas été victime de ces infanticides assez fréquents à la naissance d'une fille. Quel était son nom originel ? Nous n'en savons rien, n'étant connue que par son prénom d'esclave, sans doute de baptême. On sait que les bébés cris ne recevaient un nom[60] que quelques mois après leur naissance ; un nom donné par un ancien, généralement un homme, en fonction d'éléments naturels (environnement, épisode marquant de la vie, animaux ou plantes...). Une cérémonie particulière, dite des premiers pas, était pratiquée : elle consistait à ce que le tout jeune cri ne marche pas en dehors de la tente avant d'avoir été initié par un rituel particulier, quoique peu assuré pour l'époque[61]. Chose faite, sa vie au sein de la communauté pouvait réellement commencer. Dès l'âge de trois ans, bien avant notre âge de raison (sept ans), les tout jeunes cris apprenaient les rudiments de la vie d'adulte. Marie a-t-elle connu la cérémonie de puberté consistant en un isolement dans une hutte placée à l'écart du reste du camp, dans l'attente de ses premières menstruations ? Ou bien était-elle déjà esclave à ce moment de sa vie ?

Enfant, elle a pu voir les garçons et les hommes jouer à la « crosse », ce célèbre jeu pratiqué par nombre de sociétés amérindiennes, voire y avoir elle-même participé sous sa version féminine appelée *amtaj*[62], à écouter diverses histoires mythiques sur de glorieux « héros » ou « ancêtres », participer à des danses rituelles et cérémonielles[63] ; tout un mode de vie en

59 James G.E. Smith, « Western Woods Cree », *ibidem*.

60 Dans les sociétés amérindiennes dites traditionnelles, il n'existe pas de prénom car... il n'existe pas de nom de famille. On donne à un individu un nom qui l'individualise au sein d'un clan, d'un groupe. Nous remercions Michel Piquemal, fin connaisseur des sociétés amérindiennes anciennes, de cette précision anthropologique.

61 Marie Roué, « Premiers pas dans le monde chez les Indiens Cris », dans *Du soin au rite dans l'enfance*, Paris, Érès, 2007, p. 167-181 : rituel avéré pour le XIXe siècle.

62 Stewart Culin, *Games of the North American Indians*, New York, Dover, réédition 1975. Voir également le plus moderne Fabrice Delsahut, *Les jeux des Indiens d'Amérique du Nord. Étude ethno-historique*, Paris, L'Harmattan, 2018.

63 La religion traditionnelle des Cris avant l'arrivée des Européens et encore dans les premiers temps de leur rencontre avec ceux-ci reste assez mal connue et les travaux

plein bouleversement de par l'intégration croissante au commerce des fourrures et à l'adoption de produits européens (ustensiles métalliques, toiles, tissus, armes à feu, alcool, sucre, café, etc.), cette « nouvelle culture de la période du commerce des fourrures[64] ». Évidemment, pour Marie, le changement le plus radical a été sa mise en esclavage, dans des conditions impossibles à connaître précisément, et son départ vers une Vallée du Saint-Laurent dont elle ne connaissait pas, ou pas directement, l'existence.

Élément à ne pas négliger, la culture guerrière commune à nombre de nations autochtones (les Cris étaient par exemple en conflit notoire avec les Pieds-noirs, qui contestaient leur présence dans les plaines, alors que des alliances existaient au contraire avec les Assiniboines et les Chippewas ou Ojibwés). Ces conflits entre peuples amérindiens sont un élément d'explication possible de la mise en esclavage de Marie, avant son probable « transfert » par échange(s) jusque chez les « Canadiens » (Français) de la Vallée du Saint-Laurent.

Les femmes Cries semblent soulever, aux XVIIe et XVIIIe siècles, une certaine admiration chez les voyageurs européens par la qualité de leurs tenues vestimentaires faites de robes de peaux parfaitement tannées et blanchies, largement décorées de piquants de porc-épiques ou de perles. Elles apparaissent ainsi plus belles que la plupart des autres femmes amérindiennes, plus propres aussi, parce que moins mates de peaux, ce qui est alors un critère positif pour les Européens ou chez les populations d'origine européenne[65]. C'est sans doute ce qui explique le succès de la gent féminine crie chez les coureurs des bois et le développement d'une société métissée : les fameux

---

des ethnologues et anthropologues se heurtent inévitablement au problème de l'acculturation : quelques textes du XVIIIe siècle évoquent la croyance en un Grand Esprit, que d'aucuns voient déjà comme une manifestation de la rencontre avec les missionnaires, de même pour ce qui concerne un « esprit du mal » ; en revanche, on note la croyance autochtone en une sorte de cannibale, le fameux Windigo, du moins chez les Cris de l'Ouest, partagée avec d'autres peuples amérindiens de la région des Grands Lacs. Notons que les maladies étaient vues traditionnellement comme des interventions de mauvais esprits ou de manifestations d'un déséquilibre spirituel collectif ou individuel.

64 John J. Honingmann, *op. cit,* p. 223 ; voir aussi James G. E. Smith, p. 259 : « Traditionnal Culture and Culture Change : the Eighteenth Century »

65 Marie-Hélène Fraïssé, *op. cit.*, p. 90.

métis des régions des grandes plaines (Manitoba...) canadiennes dont l'histoire a retenu le soulèvement de 1869-1870 dirigé par le non moins fameux Louis Riel[66].
Quelques années après le procès de Trois-Rivières, l'Anglais Samuel Hearne, lors d'un périple pédestre en direction du Grand Nord, accompagné d'un Chipewyan - une tribu de la nation Déné vivant à l'Ouest de la Baie d'Hudson - rencontre les Cris qui vivent dans cette région (1770), il note les changements négatifs dont ceux-ci sont victimes, notamment une grande dépendance vis-à-vis des produits européens, des bouleversements alimentaires (le sucre et les caries) et surtout un alcoolisme grandissant[67].... en attendant une épidémie de variole dévastatrice en 1781. Certes, on peut supposer qu'au milieu du XVIIIe siècle, si les effets du contact se faisaient déjà plus que ressentir, les Cris, cette « nation des chasseurs » ainsi qu'on les qualifiait volontiers[68], n'étaient pas encore aussi « contaminés » que les Premières Nations vivant dans la Vallée du Saint-Laurent. Il n'en reste pas moins que l'histoire de Marie la Crie s'inscrit dans une histoire coloniale, celle de la Nouvelle-France.

Intérieur d'une tente crie (de la Baie James ou des bois) vers 1820[69]

66 Margaret Conrad, Alvin Finkel, Donald Fyson, *Canada. A History*, Toronto, Pearson, 2012, p. 224-227.

67 *Le piéton du Grand Nord, première traversée de la toundra canadienne (1769-1772)*, éd. établie et présentée par Marie-Hélène Fraïssé, Paris, Petite Bibliothèque Payot, 2005. Voir aussi Louis-Marie et Élise Blanchard, *L'exploration de l'Amérique du Nord*, Paris, Paulsen, p. 190-199.

68 Pour certains auteurs toutefois, les Cris auraient été plus d'habiles intermédiaires entre Européens et d'autres tribus amérindiennes dans le commerce des fourrures que de grands chasseurs eux-mêmes : Bruce Trigger, *Les Indiens, la fourrure et les Blancs. Français et Amérindiens en Amérique du Nord*, Québec, Boréal, 1992, p. 257.

69 John Murray, *Public domain*, *via* Wikimedia Commons.

Marie, une victime des bouleversements des sociétés autochtones

Les lignes précédentes ont déjà souligné quelques changements dont les Cris, comme les autres peuples autochtones nord-américains, connaissent voire subissent depuis l'époque de Louis XIV. Malgré la concurrence et la présence anglaises dans cette partie du Canada actuel située entre la Baie d'Hudson et les Grands Lacs, les Français s'y installent et les Cris deviennent ainsi, plus tardivement que nombre d'autres peuples indigènes, des partenaires importants des précédents. Coureurs des bois, missionnaires, commerçants partent ainsi vers ces « nouveaux » territoires dont on loue la qualité des fourrures, mais dont les populations connaissent d'inévitables changements de toutes sortes, notamment une dépendance accrue pour les produits européens. Ce contexte explique la présence d'une Amérindienne comme Marie dans la Vallée laurentienne vers le milieu du XVIIIe siècle.

Toutefois, longtemps confinées à un rôle secondaire, passif, dans une approche duale (le bon Indien *vs* le mauvais Sauvage) par les travaux sur l'histoire de la Nouvelle-France, les sociétés amérindiennes font aujourd'hui partie intégrante de l'historiographie Nord-américaine (québécoise et plus largement canadienne) qui insiste sur le fait que les Premières Nations ont été des actrices actives dans l'histoire de la conquête et de l'expansion coloniales, selon le paradigme de « l'agentivité » (terme dérivé d'un anglicisme), soit la capacité des individus (et au-delà des groupes sociaux) à influer sur leur propre destinée[70]. Toby Morantz, dans ses études sur les Cris de la Baie James, réfute par exemple l'idée que ceux-ci étaient entièrement dominés et contrôlés par les Blancs, Anglais comme Français, avant le XIXe siècle. Ils restaient au XVIIIe siècle largement maîtres du jeu en ce qui concerne les échanges et la traite[71], de la même manière que les autres populations amérindiennes dans le Pays d'en Haut et plus loin encore.

---

70 Olive Patricia Dickason, *op. cit.*, p. 12 ; Gilles Havard, Cécile Vidal, *op. cit.*, chapitre 5 pour le développement à suivre.

71 Toby Morantz, *An Ethnographic Study...*, *op. cit.*

Si une certaine historiographie francophile, un brin nostalgique de la Nouvelle-France, a longtemps mis en avant des rapports volontiers plus positifs entre le colonisateur français et les sociétés amérindiennes au rebours d'une colonisation britannique (et espagnole) plus violente à l'encontre des indigènes, il n'en reste pas moins qu'il existe quelques différences entre les deux systèmes ou deux approches coloniales à l'œuvre aux XVIIe et XVIIIe siècles en Amérique septentrionale. Les Français ont su développer des alliances avec les Premières Nations, dont les membres n'en étaient pas moins des « sujets » (du moins du côté du colonisateur) d'un roi de France lointain et dont le représentant principal en Nouvelle-France, le gouverneur général de Québec, est qualifié d'« Onontio » (« Grande Montagne », selon une terminologie huronne due à la déformation du patronyme du gouverneur Montmagny). Les Indiens ont été indispensables aux autorités coloniales françaises, notamment compte tenu de la faiblesse démographique de la vaste Nouvelle-France peuplée seulement de quelque 60-70 000 Européens vers 1750, dont 90 % au Canada. Dans ce contexte, l'alliance avec les sociétés amérindiennes est alors l'une des clefs d'une politique coloniale largement faite de compromis, tantôt de liens forts et stables (avec les Hurons et les Abénaquis par exemple), tantôt de conflits avec telles « tribus » particulières (guerre des Renards des années 1730). Dans ce jeu d'alliances, les Cris ne jouent qu'un rôle mineur avant la seconde moitié du XVIIe siècle : ils n'apparaissent pas comme placés au centre de la politique coloniale française, notamment parce qu'ils habitent un territoire que la France ne contrôle guère avant 1670 (et difficilement ensuite), situé largement au delà du Pays-d'en-Haut, et dans lequel les colons sont très faiblement représentés. On sait que quelques « diplomates » des Cris étaient présents à la fameuse Paix de Montréal de 1701, mais de manière assez marginale[72].

72 Gilles Havard, *La Grande Paix de Montréal en 1701. Les voies de la diplomatie franco-amériendienne*, Recherches amérindiennes au Québec, 1992.

Possible marque du chef cri Outilirine lors du traité signé le 4 août 1701 à Montréal (domaine public via Wikimédia Commons)

Les Amérindiens ont beau être qualifiés d'« enfants » du roi de France, donc de sujets, la vérité oblige à admettre que sans les Autochtones, point de salut pour une Nouvelle-France bien fragile, démographiquement et militairement ; d'où le recours à un vocabulaire plus égalitaire, notamment l'usage du mot « frères » (il est vrai que l'on peut être grand et petit frère...), qui ne présume pas d'une égalité entre les populations dans un contexte colonial, mais à la symbolique forte néanmoins. Bref, on aura compris que les indigènes ont leur mot à dire dans une politique coloniale qui n'est pas faite que d'imposition, de verticalité des rapports entre colonisateur et colonisés. Le premier doit souvent tergiverser, obtenir l'aval des seconds, s'assurer de leur fidélité par des largesses (politique des cadeaux aux chefs, largement redistribués par eux aux individus de leur peuple) et l'attribution de signes matériels d'une acculturation nécessaire (médailles, vêtements pour partie militaires, etc.,), voire l'envoi de personnages importants des communautés autochtones en métropole, à Versailles notamment.

Il est important de rappeler cette histoire des relations franco-amérindiennes en Nouvelle-France, qui ne prédispose pas à une victimisation abusive de la présence des Autochtones dans les archives judiciaires. Si Marie est un exemple parmi d'autres d'un drame à l'échelle individuelle pour avoir été arrachée de force, ou bien vendue, donnée comme cadeau à l'occasion d'une transaction commerciale, peut-être échangée aussi, son destin tragique témoigne d'une histoire complexe qui concerne les Cris dans leurs habitudes de vie (une fille valant moins qu'un futur guerrier) et ces mêmes Cris comme partie intégrante des grands bouleversements des cultures amérindiennes de cette époque, celle de la constitution et du développement de la colonie de la Nouvelle-France. Les Cris ne semblent pas avoir été un peuple particulièrement hostile aux Européens au XVIIIe siècle, même si Marie peut s'être retrouvée esclave à Trois-Rivières à la suite d'un conflit localisé dont l'histoire n'a peut-être même pas retenu l'existence.

Il n'empêche que la présence d'une Amérindienne crie devenue « panisse » dans cette petite ville de moins d'un millier d'âmes[73], en déclin économique après avoir dominé le commerce des fourrures au siècle précédent, n'en est pas moins singulière. Elle n'était pas vouée *a priori* à fréquenter les rues d'une ville fortifiée au bord d'un fleuve bien éloigné de sa région d'origine.

Marie, comme nombre d'Autochtones au XVIIIe siècle, possède en effet deux « statuts » : « sauvagesse » en tant qu'Amérindienne non domiciliée, entendons non originaire d'une des réserves de la Vallée du Saint-Laurent, elle est également « panisse », soit très officiellement esclave indigène.

UNE ESCLAVE AMÉRINDIENNE PARMI D'AUTRES DANS LE CANADA DU XVIIIE SIÈCLE

Le fait que Marie soit une esclave amérindienne ne doit pas surprendre quand on s'intéresse à l'histoire de la Nouvelle-France à l'époque de l'Ancien Régime français et de son empire ou système colonial. Dès l'installation pérenne de la France en Amérique du Nord, notamment avec la fondation de Québec en 1608, les colons français ont accepté de recevoir en cadeau de jeunes autochtones ou d'en faire l'acquisition, à l'instar de ce qui se pratique chez les Amérindiens[74]. Progressivement, l'esclavage est devenu un des fondements de la société coloniale outre-Atlantique, mais en empruntant des voies

73 Gilles Havard, Cécile Vidal, *op. cit.*, p. 387 et André Lachance, *Vivre à la ville en Nouvelle-France*, Québec, Libre Expression, 2004.

74 Gilles Havard, *Histoire des coureurs de bois*, Paris, Perrin, 2021, p. 758-759.

singulières par rapport à d'autres espaces ultramarins plus franchement dépendants de la traite esclavagiste, négrière notamment.

Le Canada, une société à esclaves plus qu'une société esclavagiste

L'esclavage des Amérindiens s'est développé dans la Vallée laurentienne dans les dernières décennies du XVIIe siècle, à compter de 1670 environ, avec l'augmentation de la population d'origine européenne et celle des échanges avec les Amérindiens. Il relève d'une logique : celle de la mise au travail et au service des colonisateurs (colons) des populations indigènes, ce que connaissent alors d'autres espaces coloniaux, comme l'Amérique sous domination ibérique et les Antilles (avant la quasi-disparition des peuples d'origine). Les Amérindiens pratiquent d'ailleurs l'esclavage dès avant l'arrivée des colons français, notamment pour compenser les pertes en hommes pendant les guerres inter-ethniques, puis l'ont transposé dans leurs relations avec les Européens, comme cadeaux lors des échanges dans le cadre du commerce des fourrures notamment. Gilles Havard, entre autres historiens, rappelle qu'un esclave est un « objet » de la diplomatie amérindienne, un objet de don (contre don), un cadeau à l'occasion d'un troc[75]. Disons que les pratiques de l'esclavage ont été augmentées par l'arrivée du colonisateur, les autorités coloniales françaises mettant en place un système d'asservissement à grande échelle à compter des années 1690[76]. Alors que la Basse Louisiane (La Nouvelle-Orléans) peut-être qualifiée de société coloniale esclavagiste, du fait de la mise en place de la traite africaine (sans atteindre les proportions antillaises toutefois) combinée à l'esclavage des Amérindiens, le Canada a surtout pratiqué ce dernier (à hauteur des deux tiers), même si l'on connaît la présence d'une population servile

75 Gilles Havard, *Empire et métissage. Indiens et Français dans le Pays d'en haut, 1660-1715*, Paris, Presses de l'Université de Paris-Sorbonne, 2003, p. 174.

76 Marcel Trudel, *L'esclavage au Canada sous le régime français. Histoire et conditions de l'esclavage*, Québec, PUL, 1960.

noire de Québec à Montréal[77]. Nous avons rappelé la figure emblématique de l'esclave Marie-Josèphe Angélique et son procès de 1734.

En revanche, le Canada ne peut-être qualifié de société esclavagiste, plutôt de société à esclaves, de la même manière que l'historiographie anglophone distingue une *Slavery Society* d'une *Society with Slaves...*[78] De fait, des chiffres assez bas ont été apportés sur le sujet. Dans les années 1960, le grand historien québécois Marcel Trudel[79] déterminait le nombre d'esclaves amérindiens pendant le régime français (de 1670 à 1760) à environ 4 200 individus. D'autres ont évoqué des chiffres plus faibles, inférieurs à 3 000 esclaves[80]. Les estimations actuelles (plus proches des 5 000 esclaves, voire davantage encore[81]) ne remettent pas fondamentalement en cause la réalité factuelle, celle d'une présence servile assez faible dans le Canada d'avant le Traité de Paris de 1763[82]. Rien de comparable entre le Canada et les Antilles françaises au XVIIIe siècle où les esclaves forment toujours autour des trois quarts des habitants des Îles ; Saint-Domingue étant sans doute la colonie à la démographie servile la plus forte[83]. À Trois-Rivières, pour l'heure seuls 43 esclaves ont été répertoriés entre le règne de Louis XIV et les débuts du XIXe siècle[84] : on ne peut donc taxer cette petite ville d'être fondamentalement esclavagiste. Lors de son procès en 1759, Marie partage néanmoins le sort de quelques centaines d'Amérindiens esclaves (environ 400, la majeure partie à Montréal) installés

---

77 Le Pays des Illinois ou Haute Louisiane, au Sud des Grands Lacs, présente une position intermédiaire avec peu d'esclaves africains, mais davantage d'esclaves amérindiens qu'au Canada.

78 Bertrand Van Ruymbeke, *L'Amérique avant les États-Unis. Une histoire de l'Amérique anglaise (1497-1776)*, Paris, Flammarion, réédition 2016, p. 306.

79 Marcel Trudel, *op. cit.*

80 André Lachance, *Les marginaux, les exclus et l'Autre au Canada aux XVIIe et XVIIIe siècles*, Fides, 1996, p. 201-208.

81 Frédéric Régent, *La France et ses esclaves : de la colonisation aux abolitions (1640-1789)*, Paris, Grasset, 2007, p. 38, qui donne 5 % d'esclaves pour le Canada, contre 3 % pour l'historiographie classique.

82 Gilles Havard, Cécile Vidal, *op. cit.*, p. 237-241.

83 Paul Butel, *Histoire des Antilles françaises*, Paris, Perrin, réédition 2007, chapitre 5, notamment p. 183-184.

84 Arnaud Bessière sur le site https://www.museedelhistoire.ca/musee-virtuel-de-la-nouvelle-france/population/esclavage/

bon an mal an dans la vallée du Saint-Laurent et elle n'est nullement la seule à fréquenter les lieux de justice, comme nous aurons l'occasion d'en disserter plus avant[85].
Les esclaves en Nouvelle-France sont appelés « panis » dans les textes de l'époque, ce qui mérite un rappel explicatif. Les « panis » au sens strict sont ceux plus connus sous le vocable anglais de Pawnees[86]. Ces Autochtones de la Vallée du Mississippi – les Panis / Pawnees donc - semblent avoir été en contact avec les Espagnols dès le mi-temps du XVIe siècle : Coronado les rencontre vraisemblablement lors de son expédition en 1540[87]. De fait, parmi les Amérindiens que les Français prennent ou reçoivent comme esclaves à partir de la fin du XVIIe siècle, on compte certainement des Panis authentiques, ainsi que d'autres nations voisines ou proches, comme les Renards à la suite de la guerre menée contre eux par les Français vers 1730. Toutes les Nations sont cependant représentées, y compris des alliés traditionnels comme les Hurons, mais les esclaves amérindiens viennent parfois de fort loin[88]. Par extension, panis devient synonyme d'esclave amérindien sous le régime français, ce qui peut parfois porter à confusion, car un authentique Panis libre est aussi qualifié ainsi. Surtout, il arrive que des esclaves noirs soient aussi appelés panis dans les sources[89] ! Marie, indienne crie, devient ainsi une « panisse » (ou panise) dans les archives judiciaires, qui précisent néanmoins son origine réelle, ce qui n'est pas toujours le cas, ainsi qu'il a été vu, et ce qui assure pleinement de son « indianité ». Cette précision peut être due au fait que les Cris sont peu nombreux à se retrouver dans la Vallée du Saint-

85 Dominique Deslandres, « Voix des esclaves autochtones et des esclavagistes : un cas d'histoire intersectionnelle dans les archives judiciaires de la juridiction de Montréal », *op. cit.*, p. 159-160.

86 Les méchants dans le bien mauvais film *Danse avec les Loups* de 1991 qui fait des Sioux/Lakotas un peuple plutôt pacifique... en entière opposition avec la réalité historique.

87 Marie-Hélène Fraïssé, *op. cit.*, p. 142.

88 Brett Rushford, *Bonds of Alliance. Indigenous and Atlantic Slaveries in New France*, Omohundro Institute of Early American History and Culture and the University of North Carolina Press, 2013.

89 Olive Patricia Dickason, « Louisbourg et les Indiens : une étude des relations raciales de la France, 1713-1760 », *Histoire et archéologie*, n° 6, Direction des Lieux et Parcs historiques nationaux du Canada, 1979, p. 142-143.

Laurent. Marie est un cas remarquable en quelque sorte. Quoi qu'il en soit, Marie, comme les autres panis, est une esclave « légale » : en 1709 en effet, l'intendant de la Nouvelle-France Raudot a officialisé l'esclavage amérindien au Canada, à l'inverse de la Louisiane où il est seulement admis (quoique pratiqué à plus grande échelle)....

Statut juridique des panis au Canada sous le régime français : des esclaves un peu différents de ceux des Antilles

Les historiens s'intéressent depuis peu à la question du statut juridique des esclaves amérindiens en Nouvelle-France. Le débat, parfois vif, sur la présence esclavagiste autochtone en Amérique française a longtemps concerné les seuls historiens sur des points de démographie et de vie quotidienne. Le droit est pourtant important en la matière car il est à la fois ce qui légitime les pratiques de l'esclavage et ce qui les cadre, voire les limite.

Avant 1709, l'esclavage des Amérindiens au Canada est avant tout encadré par des normes coutumières nées de la pratique, même si les autorités et les colons intéressés par cette pratique se réfèrent aussi à des normes législatives imposées par la métropole[90]. Le paradoxe du Canada est de privilégier d'un côté l'alliance avec les Nations autochtones pour s'y maintenir, faute d'une présence démographique française forte (surtout comparée avec celle des Anglais dans leurs colonies voisines), tout en pratiquant un esclavage amérindien à géométrie variable en fonction des alliances avec les peuples indigènes ! Il en résulte un jeu d'équilibrisme juridique. C'est la raison pour laquelle le fameux Code noir de 1685 n'entre pas en application au Canada, alors que la Louisiane, plus franchement esclavagiste, l'adopte en 1724, dans une version aux articles souvent plus durs que l'ordonnance originelle. Les pratiques

90 David Gilles, « La norme esclavagiste, entre pratique coutumière et norme étatique : les esclaves panis et leur statut juridique au Canada (XVIIe-XVIIIe s.) », *Ottawa Law review – Revue de droit d'Ottawa*, n° 40/1, p. 73-114. Nous nous appuyons largement sur cette étude, une des rares faites par un juriste. Du même auteur : *Essais d'histoire du droit.., op. cit.*, p. 315-336.

sont au Canada plus volontiers encadrées par des décisions locales, fruits des autorités de la colonie (gouverneurs, intendants, jurisprudence des tribunaux), ce qui n'est pas sans rappeler les pratiques nées de la *Common Law* en la matière dans les colonies américaines sous domination anglaise puis britannique. Ce n'est pas parce qu'aucune loi n'encadre l'esclavage des Amérindiens dans la Vallée du Saint-Laurent et dans les territoires dépendants de Québec qu'il n'y a pas de règles en la matière (de la même manière que l'esclavage est soumis à la jurisprudence des conseils souverains de la Martinique et de la Guadeloupe avant 1685 et l'adoption de l'ordonnance sur les Noirs) !

D'où l'importance du texte de l'intendant Raudot (1709, complété en 1710 puis par des références ultérieures notamment dans les années 1730 et 1740, ce qui tendrait à prouver que ces ordres sont peu respectés...) qui officialise en quelque sorte une pratique déjà largement en vigueur et accentuée – autre paradoxe – par la Grande Paix de Montréal de 1701 destinée à assurer une *Pax Gallica* synonyme aussi d'un meilleur développement commercial de la colonie. Plus de commerce, plus de traite des fourrures, plus d'esclaves reçus en cadeau ou comme équivalent monétaire !

Quels sont les principaux éléments du droit de l'esclavage au Canada avant le Traité de 1763 ? Quelques points méritent d'être rappelés : par exemple le fait que les esclaves panis ne peuvent être transportés hors du Canada (ce qui n'est en pratique pas respecté, d'où le combat de ladite Marie Marguerite Duplessis envoyée aux Antilles par son maître), hormis déportation ou bannissement à la suite d'une punition (alors que des esclaves noirs sont importés en Nouvelle-France depuis les Antilles, voire directement d'Afrique). Évidemment, il est possible de s'en procurer par achat (il existe donc au sens propre un marché aux panis[91]), en plus des « cadeaux » offerts ou reçus lors des opérations de traite ou des prises de guerre. Il peut être étonnant pour nous contemporains de remarquer qu'être esclave amérindien n'empêche pas la conservation

91 Des contrats de vente d'esclaves sont présents dans les archives notariales, mais rien concernant notre Marie à Trois-Rivières.

d'une certaine capacité juridique : un esclave amérindien a le droit de voyager dans l'espace laurentien (notamment comme agent commercial, ce qui relève d'un évident pragmatisme), avec l'agrément de son maître. Un panis peut être appelé à témoigner en justice, ce que le Code noir permet également il est vrai. Il a surtout droit à un procès en bonne et due forme, ainsi que cette étude va le concrétiser. Autre élément commun avec les Antilles, l'enfant suit le statut des parents, celui de sa mère servile si le père est un homme libre (l'inverse non, mais la réalité devait être plus rare...). Les historiens s'accordent pour préciser que les Amérindiens ne subissent cependant pas complètement les mêmes préjugés raciaux, donc d'infériorité, que les esclaves d'origine africaine : la théorie de la hiérarchie des races qui se met en place à cette époque positionne il est vrai les Indiens d'Amérique, parfois qualifiés de « Rouges », au-dessus des « nègres » à l'humanité contestée. Les affranchissements sont ainsi un peu plus faciles que dans les Antilles et l'on connaît plusieurs cas d'esclaves amérindiens libérés ayant acquis une certaine position sociale ultérieurement à leur vie d'hommes et de femmes contraints. Toutefois, et contrairement à une ancienne position du XVIIe siècle, l'adoption de la religion chrétienne ne prédispose plus au siècle suivant de la fin de la servitude : l'importance du prénom Marie, seul ou en composition, parmi les esclaves amérindiennes le prouve aisément. Sur ce point, le Canada du XVIIIe siècle suit volontiers la pratique antillaise (que l'on retrouve également en terres d'islam, où la conversion n'implique pas *ipso facto* la libération). Les esclaves christianisés ont donc assurément une âme... apparemment de moindre valeur que celle des Européens, à l'envers de l'égalité évangélique ; d'où l'opposition d'une partie des autorités religieuses à cet état de fait. Cependant, la pratique montre que ces critères sont fluctuants au gré des affaires et des circonstances. Des esclaves baptisés arrivent à se faire reconnaître comme libres, d'autres non[92]. On dira en résumé

92 BAnQ Québec, Fonds des Intendants, E1,S1,P3280 : Ordonnance de l'intendant Hocquart préparatoire entre Marguerite Radisson dite Duplessis, esclave panis (amérindiens), et Marc-Antoine Huart (Huard), chevalier Dormicourt, lieutenant des troupes du détachement de la Marine, 17 octobre 1740 : l'esclave este en justice

que le droit montre que l'esclavage des panis au Canada est moins dur que celui qui existe en Louisiane, surtout avec celui pratiqué aux Îles.
Quoi qu'il en soit, la colonie française est l'objet de divergences à compter des années 1730-1740 : si certains souhaitent un meilleur encadrement dans une volonté d'augmenter la pratique de la mise en esclavage des Amérindiens, voire de mettre en place des échanges de populations serviles avec les Antilles, d'autres rappellent à quel point les Français sont dépendants des Amérindiens pour maintenir la Nouvelle-France sous autorité française face à la menace croissante des proches Anglais. Pour les partisans de cette seconde option, il faut donc ménager les esclaves pour éviter d'éventuelles révoltes à une époque où il n'est déjà pas facile de faire admettre aux Amérindiens certaines valeurs ou certaines pratiques importées de métropole ; en matière de justice par exemple[93].
S'il semble que l'on assiste à une légère baisse de la pratique de l'esclavage des Amérindiens vers 1740, le procès de 1759 à Trois-Rivières montre qu'on est loin d'une abolition qui n'interviendra que bien longtemps après la conquête britannique... Ce n'est qu'en 1833 que l'esclavage est en effet aboli dans ce qui est devenu le Bas-Canada. Marie partage donc encore le sort de bon nombre de ses « congénères » panis à l'heure où la Nouvelle-France vacille et que sa capitale Québec tombe aux mains des troupes de sa Gracieuse Majesté.

Quelle vie pour Marie comme esclave amérindienne ?

Dans les quelques pages qui vont suivre, nous aimerions essayer de retracer quelques éléments relatifs à la vie de Marie devenue esclave dans la petite ville de Trois-Rivières. La chose n'est guère facile dans la mesure où les seules traces écrites qui la concernent vraiment, en l'espèce les archives laissées par son procès, sont des plus lacunaires en la matière.

---

parce que chrétienne, elle estime avoir été affranchie.

93 Éric Wenzel, *Le* Grand Arrangement, *op. cit.*, p. 50-62 : « Les Amérindiens : le compromis judiciaire permanent ».

Celles-ci nous indiquent néanmoins que le jour où elle agresse ses deux maîtresses, Marie est en fonction dans la cuisine. Elle paraît donc assignée à des tâches domestiques basiques. L'arme utilisée, un banal couteau de cuisine, semble aller dans le sens de charges habituelles, avec un minimum de confiance de ses « employeurs ». Marie peut donc être assimilée à ces « nègres de maison » des Antilles, à la position privilégiée par rapport à celle des « nègres de plantation » ou « de jardin », les plus nombreux, à qui les travaux des champs, les plus pénibles, sont alors dévolus. Marie peut aussi être rapprochée des « nègres des villes », à qui sont volontiers confié des tâches domestiques, voire qui étaient loués par leur maître à des tierces personnes pour des tâches spécialisées (cuisiniers, blanchisseurs, hommes ou femmes à tout faire, boulangers, etc.)[94]. Le statut juridique des esclaves de l'époque moderne est une chose, la réalité des pratiques esclavagistes dépend des lieux et des gens, autrement dit des diverses sociétés coloniales.
Les rapports de Marie avec ses maîtresses ne paraissent pas sous leur meilleur jour : on peut gloser sur le fait qu'il valait mieux être esclave panis ou panisse dans la Vallée du Saint-Laurent plutôt que sous les Tropiques ou que dans la plupart des colonies anglaises des futurs États-Unis d'Amérique, un ou une esclave reste évidemment dans une position de subordination, donc de violence sociale et individuelle à son encontre. On sait que c'est à la suite d'un ordre, peut-être prononcé sous forme d'une récrimination, que Marie passe à l'acte et violente celles qui la « détiennent ». Son procès rappelle que l'agression qu'elle commet « étoit causée par quelques maltraitements et gronderies[95]. » Sont-ce là les rapports habituels qu'elle subit ou bien est-ce leur caractère plus exceptionnel qui l'a fait passer à l'acte ? Marie déclare également avoir été motivée par la « haine qu'elle avoit contre elles », ce qui sous-tendrait une inimitié réelle, potentiellement causée par de mauvais traitements. Mais comme elle déclare aussi n'avoir pas été brutalisée.... Se pose peut-être également le problème de la traduction de ses dires.

94 Paul Butel, *op. cit.*, p. 216-217.
95 BAnQ Québec,TP1, S777, D182, procès de Marie, f°339-340, 11 septembre 1759.

Le paradigme de l'agentivité est assurément opératoire pour les individus (on ne peut juridiquement les qualifier de personnes) contraints de vivre en condition servile. Dominique Deslandres a démontré que les esclaves panisses de Montréal, malgré leur double infériorité replacée dans la culture du temps (femmes et esclaves), possèdent la capacité factuelle de pouvoir influer sur leur propre existence[96]. Cette réalité s'explique en partie par l'autonomie dont bénéficient les esclaves en Nouvelle-France et dans les villes laurentiennes plus particulièrement[97].
Faute de renseignements précis sur l'esclave Marie, il n'est pas interdit de dresser quelques comparaisons avec ce que l'on sait de la vie des esclaves amérindiens en Nouvelle-France[98]. Si comparaison n'est pas toujours raison, des éléments historiques sont aujourd'hui bien connus et tiennent du probable en ce qui concerne le sujet principal de ce livre, et le probable confine déjà, parfois, à une forme de vérité historique.
À Trois-Rivières, les esclaves étaient sans doute rares, du moins plus rares qu'à Montréal et Québec, et il semble assuré que la plupart des propriétaires n'en possédaient qu'un dans le Canada du XVIIIe siècle, du moins en l'état de la documentation disponible. On peut donc admettre que Marie était seule chez ses maîtres Boucher et Niverville. Les archives de son procès ne font mention d'aucun autre esclave dans ces deux familles liées par mariage. La vie de Marie devait donc être assez monotone, si ce n'est terne, mais pas forcément extrêmement dure. Lors de son interrogatoire, elle confie que son suicide n'est pas tant inspiré par la peur des châtiments, mais qu'elle a « seulement envie de se faire mourir sans cause de regret ny de crainte.[99] » On sait qu'elle n'était pas sous l'emprise de l'alcool. Ce détail, sur lequel nous reviendrons car il a son importance d'un point de vue judiciaire, n'est pas à négliger dans la mesure où la consommation de boissons enivrantes n'était pas autorisée pour les Amérindiens. Les archives judiciaires montrent à quel point ces interdictions n'étaient pas respectées, même si les Blancs

96 Dominique Deslandres, article cité *supra*.
97 Gilles Havard, Cécile Vidal, *op. cit.*, p. 477 sq.
98 *Idem*, p. 477-534.
99 BAnQ Québec,TP1, S777, D182, procès de Marie, f° 339 - 340, 11 septembre 1759.

étaient plus durement punis que les Autochtones pris en flagrant délit de consommation ou en état d'ivresse[100]. Ici, l'alcool aurait pu apparaître comme un palliatif à une vie malheureuse.
Ses maîtres avaient l'obligation de la nourrir (et si certains n'étaient point pingres, d'autres le faisaient *a minima*), de la vêtir[101], de la soigner (certains propriétaires allant jusqu'à payer les frais d'une mise à l'hôpital général le temps venu d'une sorte de retraite), évidemment de la loger (Marie a-t-elle un espace à elle dans la maison, ou bien dort-elle dans la cuisine, comme c'est souvent le cas pour les femmes esclaves présentes dans les villes laurentiennes ?[102]) et en retour elle devait évidemment travailler. Certains esclaves touchaient quelques émoluments, qui devaient améliorer leur ordinaire ; certains n'hésitant pas à ester en justice contre leurs employeurs devenus moins généreux[103] !
Marie est présentée comme « domestique » lors de son procès et sa vie quotidienne, hormis le manque juridique de liberté, devait ressembler à celle des femmes domestiques de la Nouvelle-France, absence de perspectives en moins et surcroît de pouvoir et d'autorité sur elle en plus[104]. En dehors des tâches de servante avait-elle obligation d'autres travaux ? Nous n'en savons rien, pas plus que l'on ne connaît ses rapports réels avec ses maîtres ; ses maîtres en effet car si Marie appartient légalement à la dame de Niverville, son procès semble démontrer qu'elle était somme toute vraisemblance « prêtée » à sa mère. On trouve des prêts d'esclaves dans les archives notariales de la Nouvelle-France[105], mais on peut supposer que Marie l'était gracieusement au sein de cette même famille.

---

100 Eric Wenzel, *Le* Grand Arrangement..., *op. cit.*, p. 51-56.

101 Il n'existe pas d'illustrations d'époque qui permettraient d'aider à savoir comment les esclaves étaient habillés par les maîtres, sans doute à la manière des domestiques, du moins pour les femmes. Les quelques représentations, par exemple l'esclave noire Marie-Josèphe Angélique (une coiffe populaire avec une robe recouverte d'un tablier) sont des reconstitutions contemporaines, quoique vraisemblables.

102 Dominique Deslandres, article cité *supra*, p. 164.

103 BAnQ Québec, TL5, D782, 12 décembre 1727 - 21 décembre 1727.

104 Arnaud, Bessière, *La domesticité dans la colonie laurentienne au XVIIe et au début du XVIIIe siècle (1640-1710)*, thèse de doctorat d'histoire, UQAM/Université de Paris IV Sorbonne, 2007, 3e partie.

105 Je remercie Dominique Deslandres pour cette information.

On sait que certains esclaves bénéficiaient de quelques moments de liberté, ce qui leur permettait de sortir et de retrouver d'autres esclaves dans les rues ou sur les places des villes laurentiennes, voire de nouer des relations charnelles avec des individus de même condition servile et avoir ainsi des « îlots de sociabilité[106]. » Certaines esclaves allaient jusqu'à se marier avec l'accord de leur maître, parfois même avec des habitants, entendons des individus libres, mais on sait que les Amérindiens, d'une manière générale, rechignaient au type d'union importé par les Français. Et les refus de telles unions existent[107]. Quant à savoir si Marie a été contrainte à des relations charnelles avec ses maîtres masculins, aucune indication de ce genre ne transparaît des documents judiciaires en notre possession. S'il semble avéré qu'au Canada la violence à l'encontre des esclaves était sans commune mesure avec celle connue pour les Antilles et la Basse Louisiane, ne soyons pas dupe d'une absence en la matière. Les suicides et infanticides, ou tentatives, témoignent de la violence multiforme qui pèse alors sur les esclaves, de sexe féminin surtout.

Baptisée comme la plupart des esclaves amérindiens du Canada sous le régime français, rien ne permet d'affirmer que Marie suivait bien ses devoirs religieux d'une confession qu'elle n'a sans doute pas choisie. A-t-elle continué à pratiquer d'anciens rites cris ? La question peut être posée. Il semblerait toutefois que les femmes esclaves aient davantage respecté leurs devoirs de chrétiennes que les hommes.

Faute de renseignements individuels plus précis, replacer Marie dans le moule commun de l'esclavage amérindien et urbain dans le Canada du XVIIIe siècle évite des extrapolations voire des fantasmes peu opératoires. Nous avons essayé de rappeler ce qu'a pu être la vie de Marie à Trois-Rivières aux alentours de 1750 : une vie de labeur, certainement sans violence extrême, triste et faite de peu de moments agréables, une vie non de recluse, mais de femme solitaire dans un cadre culturel et social

---

106 Dominique Deslandres, article cité *supra*, p. 158.

107 BAnQ Vieux-Montréal, TL4 ,S1, D2607, Juridiction royale de Montréal : Opposition au mariage de Jean Cardinal et d'une panis demeurant chez le sieur de Coulonges, 8 février 1721.

imposé[108]. Des rapports d'autorité plus tendus, le manque d'avenir positif, la lassitude peuvent expliquer le double crime dont elle est accusée en 1759. Marie n'est pas la seule parmi les esclaves amérindiens de la Vallée du Saint-Laurent à se retrouver en justice, ni même à devoir rendre compte d'actes criminels ou estimés comme tels dans la culture juridique de l'époque moderne. Sur ce point, son procès révèle quelques surprises, à rebours peut-être des idées reçues.

108 Qui aurait pu être plus difficile encore par le départ vers la métropole où l'on connaît la présence d'esclaves amérindiennes : Gilles Havard et Mickaël Augeron (dir.), *Un continent en partage. Cinq siècles de rencontres entre Amérindiens et Français*, Paris, Les Indes savantes, Rivages des Xantons, 2013, p. 83-95.

Vue de la petite ville de Trois-Rivières en 1709, par J.-B. de la Couagne (Domaine public via Wikimédias Commons). La prison et le greffe et une salle d'audience, lieux du procès, seront construits en 1720 dans le quartier de la haute-ville dit du Platon, une esplanade naturelle près de l'église paroissiale (à gauche).

Chapitre 2

Le procès de Marie : un certain reflet de la justice pénale en Nouvelle-France

La justice en Nouvelle-France est par définition une justice coloniale : ses procédures, ses magistrats, ses institutions, son fonctionnement global sont importés par le colonisateur et s'appliquent en principe indifféremment aux colons venus de métropole et aux peuples colonisés, les sociétés amérindiennes de la Vallée du Saint-Laurent et des espaces adjacents (mais aussi en Louisiane). D'évidence, cette justice à la française est inévitablement adaptée aux réalités et aux différences coloniales[109] : une topographie différente, des peuples différents, des habitudes locales particulières, y compris parmi les Français installés en Nouvelle-France et qui tendent à se voir de plus en plus comme Canadiens que comme Français[110]. Tout contribue à ce que Thémis ultramarine ne soit pas ou plus tout à fait drapée des mêmes attributs vestimentaires et symboliques. Disons que la balance de la déesse de la justice n'a plus tout à fait le même équilibre. Certains historiens du droit et historiens de la justice qui s'intéressent aux systèmes juridiques et judiciaires coloniaux avancent l'argument qu'une justice imposée par le colonisateur à des peuples et des cultures autres relève forcément d'une forme de justice d'exception,

---

109 Éric Wenzel, Éric de Mari (dir.), *Thémis Outre-mer : adapter le droit et rendre la justice aux colonies (16e-19e siècles)*, Dijon, EUD, 2015.

110 Gilles Havard, Cécile Vidal, *op. cit.*, chapitre 11 : « Des sociétés nouvelles » ; P. N Moogk, *La Nouvelle France : the Making of French Canada. A Cultural History*, Michigan Sate University Press, 2000, particulièrement p. 143-176.

malgré la volonté de transposer dans les colonies l'appareil institutionnel de la métropole[111].
Bien que placés sous le régime commun, surtout au pénal (l'époque disait au criminel), les Amérindiens, libres et panis, dont on trouve une place notable dans les archives judiciaires sous le régime français d'avant 1763, sont à la vérité traités différemment ; les seconds étant plus volontiers jugés comme les habitants, c'est-à-dire les justiciables issus de France ou d'ancêtres venus s'installer au Canada durant les décennies passées. Si Marie est jugée comme une « panisse », non comme une Autochtone, cela n'implique pas que les magistrats ne respectent pas *a priori* les canons procéduraux. Qu'en est-il en réalité ? C'est dans une lecture et une analyse précises et détaillées des archives de son procès que l'on peut apprécier la pratique judiciaire, par delà la théorie des normes.
Le procès de Marie en 1759 illustre, à bien des égards, le quotidien de la justice criminelle dans la Vallée laurentienne au XVIIIe siècle. L'un des points fondamentaux de l'affaire de l'esclave Marie, et au-delà des procès des esclaves panis en général, tient dans la manière dont ceux-ci sont jugés. Un (mauvais) réflexe serait de croire qu'ils sont condamnés d'avance au terme d'une parodie de justice. Or, nous allons démontrer qu'il n'en est rien : paradoxalement les esclaves panis ont des droits, comme il a été rappelé, notamment ceux d'être jugés comme des justiciables ordinaires, ce qui n'est d'ailleurs pas toujours ou forcément à leur avantage. En effet, jugés comme des Amérindiens et non comme des esclaves, ils auraient bénéficié de quelque largesse de la part des institutions judiciaires de la colonie d'Amérique. Il est assuré que les Autochtones libres, en principe soumis au droit commun importé et imposé par la métropole pour les affaires pénales, ou criminelles, ne sont en réalité pas traités comme les colons français. Cette réalité surprenante s'explique aisément à la vérité, comme il va être vu. Ceci est un élément nodal sur lequel il conviendra d'insister.

111 Éric de Mari, Éric Wenzel (dir.), *Justices d'exception dans les espaces coloniaux (16e – 20e siècles) : la balance déséquilibrée de Thémis ultramarine*, Dijon, EUD, 2018.

Étudier le procès des esclaves est important dans la mesure où, si l'on s'en tient aux ouvrages de doctrine juridique du XVIIIe siècle, le respect de la procédure criminelle par les juges en charge d'instruire, appelés lieutenants criminels, est l'une des meilleures garanties du respect de ce que l'on pourrait appeler les « droits de la défense », à une époque où, depuis le XVIe siècle (Ordonnance de Villers-Cotterêts de 1539), les accusés doivent se défendre seuls, sans l'aide d'un avocat. Ils doivent répondre par leur propre « bouche », selon le vocabulaire du temps. Les justiciables n'en ont pas moins des droits, dont celui à un procès équitable dans lequel la présomption d'innocence est l'un des fondements depuis la fin du Moyen Âge. C'est à la justice de prouver la culpabilité de l'accusé, non à celui-ci de prouver son innocence, nuance fondamentale ![112] À lire l'un des plus notables jurisconsultes du XVIIIe siècle, le criminaliste Daniel Jousse, c'est dans le strict respect des normes procédurales imposées par l'Ordonnance criminelle de 1670, en vigueur en France et en Nouvelle-France, qu'une « bonne » justice est rendue[113].

Que le lecteur ne s'attende pas à quelque scandale judiciaire cher aux philosophes et aux réformateurs de la justice du XVIIIe siècle, à trop d'abus manifeste de la part du personnel de justice, qui, à Trois-Rivières peut-être plus qu'à Québec et Montréal, villes plus importantes et mieux dotées en infrastructures judiciaires, fait ce qu'il peut pour appliquer les lois pénales françaises en Amérique... française. Cela ne signifie pas que quelques points de procédure et quelques décisions de justice ne méritent pas que l'on s'y attarde, certaines pouvant surprendre, sans tomber dans des excès de détails procéduraux.

L'histoire du procès de l'esclave amérindienne Marie est largement celle, et de la justice coloniale dans le Canada du XVIIIe siècle, et de la justice rendue aux panis à cette période.

---

112 Antoine Astaing : *Droits et Garanties de l'accusé dans le procès criminel d'Ancien Régime (16e -18e siècles). Audace et pusillanimité de la doctrine pénale française*, Presses universitaires d'Aix-Marseille, 1999 ; Stéphanie Blot-Maccagnan, « La défense dans le procès pénal de la fin de l'Ancien Régime », *Droit et Cultures*, n° 48, 2004, p. 223-228.

113 *Traité de la justice criminelle de France*, 1771, tome II, « De la procédure criminelle en général ». Corinne Leveleux-Teixera (éd.), *Daniel Jousse. Un juriste au temps des Lumières (1704-1781)*, Limoges, PULIM, 2007.

AMÉRINDIENS ET PANIS DEVANT LA JUSTICE COLONIALE : DES JUSTICIABLES COMME LES AUTRES ?

La présence des Amérindiens dans les archives judiciaires laissées par l'activité des juridictions royales, juridictions coloniales également, à l'époque du régime français fait partie aujourd'hui de la vulgate historiographique sur la Nouvelle-France. Maints travaux, que nous ne pouvons tous cités ici, ont étudié la manière dont les Premières Nations sont alors traitées par les instances judiciaires en place dans les trois tribunaux du roi dans le Canada des XVIIe et XVIIIe siècles ; à savoir la Prévôté de Québec (créée en 1666), les juridictions royales de Trois-Rivières (fondée en 1663) et Montréal (fondée en 1693), chapeautées par le Conseil souverain puis supérieur de Québec, cour de justice d'appel instaurée en 1663 lors de la prise en main directe de la colonie française d'Amérique par la monarchie. Le tribunal de Trois-Rivières, qui nous intéresse plus spécifiquement, est sous le régime français compétent pour juger en première instance toutes les causes civiles et criminelles, sans distinction ethnique[114].

Les Autochtones et la justice coloniale : petit bilan quantitatif et qualitatif

En ce qui concerne les justiciables autochtones, un bilan fait état d'au moins deux cents procès dans lesquels les Amérindiens sont partie prenante dans l'espace laurentien, comme accusés ou comme plaignants, comme demandeurs ou défendeurs[115]. Si la litanie des cas révèle des causes sensiblement identiques à celles des justiciables « blancs »,

114 Julie Marleau, *La Juridiction royale des Trois-Rivières en Nouvelle-France : la ville, les officiers et les habitants (1663-1760)*, mémoire de maîtrise d'histoire, Université de Sherbrooke, 2014, f° 39 sq.

115 Éric Wenzel, *op. cit.*, p. 50-62 ; Jean Grabowski, « French Criminal Justice and Indians in Montreal, 1670-1760 », *Ethnohistory*, vol. 43, 1996, p. 405-429 ; Denis Delâge, Étienne Gilbert, « Les Amérindiens face à la justice coloniale française dans le gouvernement de Québec, 1663-1759 », deux articles, l'un sur les crimes de sang, l'autre sur les affaires d'alcool, de mœurs et de traite illégale, parus dans les *Recherches amérindiennes au Québec*, vol. 33, 2003, p. 79-90 et n° 34, 2004, p. 31-42.

quelques tendances se dessinent pour les questions pénales : problème de la vente et de la consommation d'alcool, qui provoque éventuellement des violences de type voies de fait, mais aussi des vols de fourrures de la part de marchands peu scrupuleux qui enivrent les Indiens pour mieux accaparer les précieux produits de la traite. Peu d'affaires de crimes de sang se retrouvent finalement jugées par les juridictions coloniales et qui mettent en cause des Amérindiens. Ces affaires-là se règlent en interne au sein des communautés autochtones. Les indigènes s'avèrent finalement pas plus violents, du moins dans les villes laurentiennes, que les habitants d'origine européenne. Les quelque 5 000 Indiens domiciliés, présents de Québec à Montréal, paraissent plutôt calmes et « civilisés », si l'on peut dire. On notera que les cabaretiers indélicats convaincus de vente illégale de boissons enivrantes aux Amérindiens sont bien plus largement punis (très fortes amendes, interdiction professionnelle) que lorsque ceux-ci sont pris en état d'ébriété (dégrisement en cellule). Un autre problème récurrent est celui de la participation des indigènes, « sauvages » ou « domiciliés », dans la traite illégale des fourrures ; celle-ci étant dûment contrôlée par un système de congés depuis 1681. Et que l'on ne s'y trompe pas : un habitant qui commet un acte authentiquement criminel à l'encontre d'un Autochtone est alors autant châtié que s'il s'en était pris à un Canadien, en fonction de la gravité de l'acte et de ses circonstances, notamment parce que la communauté amérindienne de la victime ne comprendrait pas et n'accepterait ce genre de déni de justice et le ferait vertement savoir, éventuellement les armes à la main[116] ! Bref, si les Canadiens du XVIIIe siècle sont volontiers un peu voleurs, un peu trafiquants, un peu faux-monnayeurs, un peu bagarreurs, mais plus rarement vraiment criminels, cette réalité est aussi largement celle des Amérindiens, surtout ceux qui vivent au contact des Européens.
La présence amérindienne dans les procès en Nouvelle-France est une chose, celle des esclaves une autre, très largement liée compte tenu du fait que la plupart d'entre eux sont des... Amérindiens. Là encore, les panis sont loin d'être en dehors de

116 Jean Grabowski, article cité *supra*, p. 413-416 et Éric Wenzel, *op. cit.*, p. 60.

la justice coloniale, soit, plus rarement, comme plaignants (au pénal) ou demandeurs (au civil), soit comme accusés. Un rapide tour d'horizon dans les archives québécoises montre qu'une trentaine environ de procès concernent des panis entre la fin du XVIIe siècle et la fin de la Nouvelle-France, ce qui est logiquement peu (compte tenu de leur faible présence dans la société canadienne par année commune) pour des affaires aux motifs variés : certains commettent des vols, d'autres des rapts, d'aucuns des viols, d'autres encore participent au commerce illicite des fourrures (souvent avec leur maître qui les oblige peut-être, sans doute même).... La litanie de la délinquance et de la criminalité ordinaire concerne donc les esclaves amérindiens au Canada, qui se distinguent également peu des Indiens libres et plus généralement des habitants de la colonie.... À l'accusation du panis Cyclope en 1721 pour meurtre[117], répond la tentative de vol avec effraction de l'esclave Constant en 1756[118], également à Montréal, ou encore celle du panis vagabond Jacques, venu d'Acadie, condamné par les juges de Québec pour l'enlèvement et le viol de la fille d'un habitant du Lac Champlain en 1734[119] ; comme exemples d'affaires proprement criminelles. Le cas de Marie en 1759, extraordinaire pour la petite ville de Trois-Rivières, a dû paraître grave localement, malgré le fait qu'elle n'a finalement débouché sur aucun décès violent, seulement des tentatives avortées et, à voir, peut-être pas dans une réelle volonté de tuer à l'origine.

Pour tous ces crimes, les Amérindiens soumis aux autorités canadiennes ont en principe été jugés comme des justiciables ordinaires, parce que soumis aux lois et aux règles communes de la justice importée par la puissance coloniale. La vérité oblige à bien distinguer les Amérindiens libres, sauvages (certains dits « alliés ») ou domiciliés[120], des panis, considérés comme esclaves à part entière et non plus comme Autochtones,

---

117 BAnQ Vieux-Montréal, TL4, S1, D264, 7 – 10 juillet 1721.

118 BAnQ Vieux-Montréal, TL4, S1, D6131, 24 novembre 1756 - 22 janvier 1757.

119 BAnQ Québec, TP1, S777, D147, 7 juillet 1734 - 2 août 1734.

120 Michel Morin, « La colonisation française et britannique en Amérique du Nord au XVIIe et au XVIIIe siècle et le statut des peuples autochtones », dans Bernard Durand, Martine Fabre (dir.), *Le juge et l'outre-mer. Tome 1 : Phinée et les leçons du passé*, Centre d'histoire judiciaire, Lille, 2005, p. 147-156.

ce que leurs frères de « race » entendent d'ailleurs parfaitement !

Les Autochtones et les panis soumis au droit pénal commun ?

Ainsi qu'il a déjà été précisé, les Amérindiens sont en Nouvelle-France soumis aux lois pénales françaises (alors qu'au civil, ils bénéficient très officiellement de droits particuliers compte tenu de l'énorme différence entre les modes de vie et les valeurs culturelles entre les communautés autochtones et françaises). Depuis 1627, position juridique défendue par un arrêt de règlement du conseil souverain de la Nouvelle-France, point de différence donc pour les affaires de délinquance et de criminalité entre sujets indigènes et sujets français du roi[121]. Cette position de principe rappelée, tous les historiens qui se sont penchés sur les pratiques de justice dans la colonie d'avant 1763 constatent la même réalité. S'il arrive que des Amérindiens soient effectivement jugés comme des justiciables ordinaires, le plus fréquemment les autorités judiciaires laissent les communautés indigènes punir leurs membres pourtant dument reconnus coupables après le passage de ceux-ci devant le tribunal[122]. Par ailleurs, ces mêmes autorités laissent souvent les communautés autochtones traiter les infractions en interne, voire préfèrent ne pas intervenir de crainte de voir les Indiens se rebiffer, parfois même se révolter face à une justice dont ils ne comprennent ni les fondements, ni les actes ! La justice coloniale présente dès lors le visage du compromis, voire de la compromission. Cette réalité est plusieurs fois rappelée par les gouverneurs de la colonie, qui n'hésitent pas à s'approprier les affaires criminelles dans lesquelles des Amérindiens sont partie prenante, surtout s'il s'agit de « Sauvages »[123]. La vérité est qu'on a peur des réactions indigènes, tout simplement, et les gouverneurs craignent de devoir gérer des situations scabreuses engendrées par des peines

---

121 Maurice Ratelle, *L'application des lois et règlements français chez les Autochtones de 1627 à 1760,* 1991.

122 Ainsi à Montréal en 1696, quatre Iroquois reconnus coupables par les instances coloniales sont mis à mort par d'autres Iroquois.

123 Éric Wenzel, *Le* Grand Arrangement..., p. 59.

prononcées par les magistrats ! Mieux même, si l'on peut dire, dans les territoires moins contrôlés, comme le Pays d'en Haut, la justice est souvent mise en échec et les soldats des troupes coloniales (de la Marine) à qui l'on demande parfois d'arrêter des Autochtones coupables d'actes criminels sont dans l'incapacité de le faire. Les communautés autochtones refusent de livrer leurs « administrés », voire menacent carrément les militaires ![124] Si les Indiens domiciliés sont moins réfractaires, des punitions comme le carcan ou la flagellation ne leur paraissent pas moins difficiles à accepter. Il existe donc bien une justice pour les Canadiens et une justice pour les Amérindiens ; réalité qui n'est donc pas au détriment des seconds. Marque de cet état de fait, la position des gouverneurs qui tentent de calmer le jeu, si l'on peut dire, tout en essayant d'affirmer leur autorité en rappelant aux Autochtones que la clémence ou la compréhension dont on fait preuve à leur égard est la dernière… jusqu'à la prochaine fois... où cette position sera de nouveau tenue ! « Il faut ménager les Sauvages dont a besoin », résume un intendant comme Bégon à la fin du règne de Louis XIV (1713). Ceci cache donc une autre réalité : les Amérindiens ne peuvent être des sujets ordinaires du roi alors que les discours de la politique coloniale de l'époque sont précisément d'en faire des sujets comme les autres. Entre volonté des Amérindiens de conserver un minimum de différences culturelles, des formes de ségrégation de la part des Français à leur encontre, et une impossibilité pratique de soumettre alors entièrement les Premières Nations, Thémis outre-mer se présente volontiers comme le dieu Janus aux deux visages. Pourtant, preuve d'une acculturation en marche, il arrive que les Amérindiens, principalement des domiciliés, réclament aux tribunaux du roi de punir certains des leurs, de peur peut-être de représailles. Certains Indiens reconnus coupables sont pris et conduits au prétoire par des gens de leur communauté, ainsi en 1720 chez les Iroquois (Mohawks) du Sault-Saint-Louis (aujourd'hui réserve de Kahnawake) pour une affaire de meurtre

124 Éric Wenzel, « Les institutions militaires, élément important de l'ordre judiciaire et colonial en Nouvelle-France (17e – 18e siècles) », communication présentée au Congrès annuel de la Société d'histoire coloniale Française, Université de Sherbrooke, 13 -15 juin 2019, inédite.

d'une habitante de Montréal[125]. En 1756, la pendaison d'une femme indigène pour vol aggravé ne soulève pas de réprobation de ses proches[126].

Si l'histoire judiciaire de la Nouvelle-France est ainsi faite, bien éloignée des clichés voulant faire des Amérindiens les victimes toujours expiatoires d'un processus de violence coloniale[127], cette histoire est cependant bien différente pour les esclaves amérindiens. L'étude des procès de l'époque du régime français montre que ceux-ci sont bien soumis au droit et aux procédures communs. Avantage parfois, désavantage aussi en fonction des rigueurs de la loi et s'ils sont reconnus coupables des crimes pour lesquels ils sont poursuivis. En somme, ils ont perdu leur indianité ! De fait, les panis ne bénéficient plus des manifestations de solidarité de leur communauté d'origine, à l'inverse des Amérindiens dits sauvages ou des domiciliés. Esclaves des Blancs, ils sont aussi esclaves aux yeux des Amérindiens libres, qui les ont d'ailleurs souvent soumis à la servilité avant même que les Français ne les acquièrent d'une manière ou d'une autre... C'est peut-être ce qui explique que les archives des procès ne mentionnent que peu l'origine ethnique des mis en cause : ceux-ci sont des panis, plus vraiment des Amérindiens.

Dans la trentaine de procès consultés mettant en cause des esclaves autochtones, quelle que soit la décision des juges, les accusés sont toujours jugés selon les canons procéduraux en vigueur. Marie en 1759 n'est donc pas une exception et André Côté a parfaitement raison lorsqu'il en conclut à une justice similaire entre Canadiens et panis sous le régime français. Son procès suit une trame prévue par des textes qui s'imposent aux justiciables canadiens (ou français), ce qui est déjà la marque d'une absence de déni de justice à son encontre... ou à son égard. Voyons donc précisément comment Marie la Crie est jugée pour avoir osé porter une main armée sur ses maîtres et avoir tenté de se suicider.

---

125 Maurice Ratelle, *op. cit.*, p. 17.

126 Éric Wenzel, *op. cit.*, p. 58.

127 Ce sera effectivement le cas à compter du XIXe siècle, même si la violence existe dans les périodes antérieures, ainsi le massacre des Renards ou celui des Natchez en Louisiane.

UNE PROCÉDURE CRIMINELLE RESPECTÉE DANS SES GRANDES LIGNES, NON SANS QUELQUES LIBERTÉS

Avant toute considération et analyse, il convient de rappeler ce qu'est un procès au XVIIIe siècle, tel que défini par l'une des plus célèbres lois de l'Ancien Régime français, l'Ordonnance criminelle de 1670. Ce texte fondamental, en vigueur au Canada tout au long de la période française, jusqu'en 1763 donc, subit en réalité quelques retouches ou refontes pour mieux coller aux nécessités coloniales. Rien qui cependant ne fait profondément et en fondement différer le procès criminel au Canada[128] de celui pratiqué en métropole[129]. Dans ces grandes lignes[130], la procédure est fondée sur le mode inquisitoire, ce qui signifie qu'une instruction, une enquête (*inquisitio*) doit être conduite par un magistrat au rôle particulièrement actif, celui de trouver les preuves de la culpabilité (et le cas échéant de l'innocence, principe d'instruire à charge et à décharge) qui pèsent éventuellement sur l'accusé en principe présumé innocent. La chose est fort bien résumée par l'un des plus célèbres jurisconsultes du XVIIIe siècle, Muyart de Vouglans, pourtant assez peu tolérants à l'encontre des criminels :

> « L'accusé est en en matiere Criminelle ce qu'est le Défendeur en matiere Civile.
> Comme en général le Mal ne fe préfume point, & que fuivant les Préceptes de là Religion Chrétienne il n'est pas permis de juger témérairement les avions de fon Prochain[131], les Loix civiles canoniques s'accordent également à lui être favorables ; de-là les Priviléges & Exceptions particulieres qu'elles ont introduites en fa faveur.

---

128 Parmi les ouvrages sur la procédure criminelle en Nouvelle-France : André Lachance, *La justice criminelle du roi au Canada au XVIIIe siècle. Tribunaux et officiers*, Québec, PUL, 1978 ; du même *Crimes et criminels en Nouvelle-France*, Montréal, Boréal, 1984 ; du même encore, voir l'ouvrage de vulgarisation *Délinquants, juges et bourreaux en Nouvelle-France*, Québec, Libre Expression, 2011 ; Éric Wenzel, *Le* Grand Arrangement, *op. cit.*

129 Éric Wenzel, « La procédure criminelle au Canada sous le régime français (1670-1760) : un exemple d'adaptation de la norme juridique à l'époque du premier empire colonial », *Revue historique de droit français et étranger*, n° 93 (1), 2015, p. 103-114.

130 Jean-Marie Carbasse, *Histoire du droit pénal et de la procédure criminelle*, Paris, PUF, réédition 2014 et Benoît Garnot, *Justice et société en France aux XVIe, XVIIe et XVIIIe siècles*, Paris, Ophrys, 2000, p. 85-116.

131 Cela tombe bien, Marie est chrétienne....

Mais aussi, comme d'un autre côté il importe pour le bien de la Justice & pour la Sûreté publique que les Crimes ne demeurent point impunis, & d'en empêcher le progrès par la terreur des châtimens, ces mêmes Loix ont voulu qu'on ne négligeât rien pour s'en apurer la preuve ; de-la les Formalités rigoureufes auxquelles elles ont affujetti l'Accusé en plufieurs cas[132]. »

Le procès pénal est dit secret, c'est-à-dire non public, et consiste en un huis clos à trois : l'accusé (ou les accusés), le juge qui instruit, le greffier qui note tout (en principe en français depuis 1539). Un quatrième personnage intervient : le procureur du roi qui agit au nom du souverain, donc de l'État, et de la société. Celui-ci peut accuser, demander l'ouverture d'une enquête, donner ses conclusions au fur et à mesure de l'instruction pour faire continuer ou arrêter le procès, réclamer une peine qui sera ou non suivie par les juges qui donneront la sentence (peine ou relaxe) et qui forment précisément le Siège. Un appel est possible, automatique même pour l'accusé si celui-ci est condamné à une peine dite afflictive ou infamante (mort, bannissement, galères ou travaux forcés). Nul avocat ne vient aider le mis en cause, surtout pas au Canada où ils sont interdits d'exercer y compris au civil, alors qu'en métropole ils agissent en sous-main par diverses manœuvres tolérées ! On précisera encore que les juges du Siège ne sont tenus par aucun code pénal : agissant au nom d'un roi souverain tenant son pouvoir de Dieu, ils ont la liberté d'arbitrer la peine, soit d'en prononcer une en toute liberté (c'est ce que l'on appelle l'arbitraire des juges, au sens juridique du terme, que d'aucuns voient comme trop... arbitraire). On rassurera en indiquant que les juges pratiquent une évidente gradation des peines en pratique, ainsi que le montrent clairement les archives judiciaires. Pas de voleur de poule condamné à mort au XVIIIe siècle, n'en déplaise à une mauvaise littérature et à de mauvais feuilletons télévisés !

Par delà cette architecture globale et théorique, le « mieux » est de suivre le procès de Marie tel qui apparaît dans la documentation archivistique, c'est-à-dire les pièces transcrites par le greffier et qui nous sont parvenues presque dans leur

---

132 *Institutes au droit criminel*, Paris, 1757, p. 67.

totalité. On peut ainsi suivre pas à pas le travail des magistrats (juge instructeur et procureur du roi), apprécier la conduite de Marie, voir si la procédure est bien ou moins bien respectée.

Les principales étapes du procès de Marie

	Instruction préparatoire
20/08/59	**Arrestation de Marie sur requête du procureur du roi** à la suite de l'agression par couteau des dames Chastelain et de sa fille, dame de Niverville et **nomination d'office du sieur Chevalier comme interprète**
21/08/59	**Début de l'information** : déposition des 1ers témoins, Nicolas de Noyelles et la dame de Saint-Martin
21/08/59	**1er interrogatoire de Marie**
22/08/59	**2e interrogatoire de Marie** et déposition des dames Chastelain et de Niverville, comme témoins !
24/08/59	Décret de prise de corps de Marie, conduite en prison le temps de son procès (inversion procédurale par rapport à l'interrogatoire, mais Marie déjà en prison depuis le 21 août...)
29/08/59	**Rapport du chirurgien** major Alavoine sur les blessures constatées sur les dames Chastelain et de Niverville = **établissement du corps du délit** (procédure pas respectée ; inversion des étapes)
31/08/59	Déposition du chirurgien major Alavoine, comme témoin !
	Instruction définitive = procédure dite extraordinaire pour un jugement au « grand criminel »
31/08/59	**Récolement** des témoignages
31/08/59 au 10/09/59	**Confrontations** des témoins avec Marie

11/09/59	**Interrogatoire de Marie sur la sellette** par le juge suppléant Le Proust et deux assesseurs
11/09/59	**Sentence en première instance** : condamnation de Marie à la fustigation et au bannissement à vie du ressort de la juridiction de Trois-Rivières ; appel de la sentence de la part du procureur du roi Godefroy de Tonnancour
	Appel : voie de recours
29/12/59	**Procès en appel et arrêt définitif** : interrogatoire de Marie devant le Conseil supérieur de Québec en présence du sieur Saint-Jean, interprète ; conclusions du procureur général et condamnation de Marie à la pendaison et à l'exposition publique de son corps

Cette présentation rapide du procès Marie permet de constater que celui-ci est largement conforme à la procédure définie par l'Ordonnance de 1670 – nous allons y revenir dans des commentaires plus détaillés -, tout en présentant quelques menues singularités dues à un contexte particulier, celui de la juridiction royale de Trois-Rivières. Rien de grave pour l'accusée, rien qui permette de conclure à de réels abus de procédure, même si un puriste pourrait gloser. Avouons-le d'emblée, ce genre de petites scories procédurales est courant en Nouvelle-France et nous en expliquerons les causes, souvent très pragmatiques, dans un chapitre ultérieur.

Pour l'heure, trois éléments retiennent particulièrement l'attention à l'examen du procès de Marie.

Une accusation pour crimes graves

L'affaire Marie la Crie ayant déjà été résumée dans ses grandes lignes, on sait de quoi elle est accusée par le procureur du roi de Trois-Rivières en 1759, en l'espèce un double crime potentiel (car à ce stade il n'est pas officiellement prouvé), celui de tentative d'homicide et de tentative de crime contre soi-même. Seuls sept homicides, au sens large, sont traités par la justice de

Trois-Rivières sous le régime français ; une juridiction à l'activité « au criminel » réduite[133]. Le procès de Marie n'est donc pas commun dans la petite communauté urbaine locale, d'autant plus que seules deux femmes y sont accusées par les instances judiciaires durant la décennie 1750-1760[134]. Le procès de Marie tient de l'exception judiciaire, ce qui ne veut pas dire qu'il n'est pas riche d'enseignement.
Il n'est pas inutile de faire le rappel de cette double accusation qui va largement déterminer la conduite du procès. Voyons en tout d'abord les fondements juridiques.
Selon les ouvrages de doctrine pénale[135], de beaucoup de poids à l'époque des faits (la doctrine est alors considérée comme l'une des sources principales du droit, à côté de la loi, de la coutume et de la jurisprudence), l'homicide est considéré comme un crime « énorme », mais avec des nuances. Muyart de Vouglans en 1757 en distingue trois types, le « nécessaire » (légitime défense), le « casuel » (involontaire, un accident), le « volontaire », sans (meurtre ou homicide simple) ou avec préméditation (assassinat), selon une échelle de gravité. Le rôle du juge sera ici d'apprécier si l'acte de Marie tient d'abord du volontaire ou non et surtout du prémédité. L'instruction penchant très vite pour un geste non prévu, commis sous le coup d'une forme de colère, ou bien sous l'emprise de l'alcool (c'est pourquoi le juge pose des questions en ce sens à l'accusée, ainsi qu'il a déjà été précisé), Marie est donc accusée de tentative de meurtre, ce qui est déjà grave. En effet, la doctrine criminelle du XVIIIe siècle invite dans ce cas à la peine capitale, donc à la pendaison pour le commun des justiciables (les nobles ayant le privilège de la tête tranchée) ; la peine de mort la plus habituellement applicable, les supplices étant

---

133 Julie Marleau, *La Juridiction royale des Trois-Rivières en Nouvelle-France, op. cit.*, f° 73. Moins de 50 procès criminels, surtout des affaires de traites illégales, contre plus de 400 procès civils (f° 11 et 106).

134 *Idem*, p. 110.

135 Nous nous appuyons principalement sur deux traités : les *Institutes au droit criminel* de Muyart de Vouglans, précités (principalement le titre 4 consacré aux homicides, p. 511 sq.), qui représente la vision d'un juriste conservateur (et qui a l'avantage d'être contemporain de l'affaire étudiée), et le tome 3 du *Traité de la justice criminelle de France,* de 1771, de Jousse, aussi déjà cité, et qui présente une position disons plus progressiste, sans volonté de réforme profonde.

réservés à des crimes plus atroces. On commence à sentir que le procès de Marie en 1759 s'intègre bien dans une logique pénale, celle de son époque. On notera toutefois que Marie n'a pas tué, seulement blessé. On parle volontiers d'homicide dans « son principe », non dans son « exécution ». Or la doctrine apparaît plus discrète, lorsqu'il est question de telles circonstances. Il semblerait que les jurisconsultes de l'époque se positionnent plutôt sur la peine du fouet (Muyart de Vouglans), alors que d'autres, comme Daniel Jousse, essaient d'être plus précis : pas de peine capitale pour celui ou celle qui n'est que dans la « tentative » (sans décès de la victime).... à moins d'être dans l'immédiateté...[136] Aux juges d'apprécier en fonction de l'affaire dont ils ont la charge et en tenant compte, c'est important, de l'intention première de la personne poursuivie.
Marie a-t-elle vraiment voulu tuer ? Elle a bien usé d'une arme blanche, mais semble-t-il sous le coup de la colère. Tout ça reste évidemment à confirmer par l'instruction. On pourrait néanmoins préciser un détail intéressant : si Marie avait voulu occire ses maîtresses, elle s'y serait sans doute prise différemment, par exemple en les empoisonnant. L'empoisonnement est, presque comme un cliché, une méthode à laquelle les femmes et les esclaves recourent volontiers au XVIIIe siècle. La cuisine est d'ailleurs l'espace privilégié de ce genre de tentatives[137]. Les actes de violence par arme commis par les esclaves féminines sont plus rares parce que trop évidents.
Marie est cependant poursuivie pour un autre crime, étonnant de nos jours, mais parfaitement vu comme tel par les juristes de l'Ancien Régime. L'« homicide contre soi-même », le fait de vouloir attenter à ses jours, est en effet considéré comme un acte affreux, en totale opposition avec la doctrine chrétienne, mais aussi avec l'ordre public[138]. C'est ce qui explique

---

136 *Traité de la justice criminelle*, tome 3, p. 499.

137 Gwenaëlle Callemein, *Un crime atroce et secret. L'empoisonnement devant la justice royale (1682-1789), Rennes,* PUR, 2021 et de la même historienne du droit : « La cour prévôtale de la Martinique : une justice d'exception pour réprimer le crime d'empoisonnement (1822-1827) », dans *Les justices d'exception dans les colonies (XVIe-XIXe siècle),* p. 123-175. Voir aussi Frédéric Jacquin, *Affaires de poison. Les crimes et leurs imaginaires au XVIIIe siècle*, Paris, Belin, 2005, p. 77.

138 Muyart de Vouglans, *Institutes...*, p. 535 sq. Sur le suicide au XVIIIe siècle, voir

l'interdiction de toute sépulture chrétienne (est-ce vraiment important pour Marie ?), la confiscation des biens au profit du roi ou d'un établissement religieux (Marie en dispose-t-elle ?), surtout s'il est la conséquence... d'autre crime, comme un meurtre... La pratique de la claie (le corps du défunt traîné dans les rues et jeté dans un fleuve ou une rivière) est commune et marque l'infamie du suicidé. On sait que ce supplice est pratiqué en Nouvelle-France[139]. Marie n'ayant finalement fait qu'une tentative, les juges sont libres de voir en fonction de leur droit à l'arbitraire.

Marie ayant été prise en quasi situation de flagrant délit, on pourrait penser que la messe judiciaire est dite. Or, il n'en est rien, d'une part parce que les accusations portées par le ministère public (procureur du roi) ne peuvent donner lieu à aucune condamnation *a priori*, que les paroles des deux victimes présumées ne sont pas d'Évangiles, et qu'il faut bien connaître les circonstances de ce passage à l'acte troublant et rare pour que les juges puissent le cas échéant condamner le plus justement possible. Répétons-le au besoin, en tant qu'esclave amérindienne, Marie a droit à un procès en bonne et due forme.

Une instruction préparatoire conduite dans les règles... quoique...

Voilà donc Marie devant ses juges, ou plus exactement pour l'heure devant le juge instructeur qui officie sous le regard du procureur du roi.

Comme il se doit, le procès commence avec l'instruction préparatoire. On est à ce stade au niveau d'une procédure dite à l'ordinaire. Les preuves sont à trouver. Marie reste innocente en droit.

Dominique Godineau, *S'abréger les jours. Le suicide en France au XVIIIe siècle*, Paris, Armand Colin, 2012.

139 André Lachance, « Procès au cadavre du défunt Pierre Lefebvre dit Ladouceur, époux de Marie Chastaignes de Beauport, en 1687 », Vol. 5 des *Cahiers des délibérations et jugements des procès sous le Régime français*, Éditions Quesnel de Fomblanche, 1977.

Les deux victimes présumées n'ont pas eu à porter plainte, ou pour user du vocabulaire de l'époque à se faire plaignantes. L'intervention des forces de police, en l'occurrence des troupes qui exercent en Nouvelle-France comme auxiliaires de la justice « civile », faute de forces de police réelles (pas de maréchaussée à Trois-Rivières) donnent matière au représentant du ministère public à intervenir de son propre chef. Il lance donc une accusation à l'encontre de Marie, dans le cadre de ce qu'on nomme la mise en mouvement de l'action publique. Celle-ci est conduite en prison, elle le restera le temps de son procès, on dirait aujourd'hui qu'elle est mise en préventive et que les circonstances plaident pour un contrôle de sa personne (crainte d'une fuite, risque pour sa vie surtout). Rien d'anormal à ce stade de la procédure. Nous sommes le 20 d'août 1759 et un interprète est très vite nommé, soit le même jour. Le juge est donc diligent. Il a compris que Marie ne maîtrise que trop peu le français, seule langue de rédaction des actes officiels depuis plus de deux siècles, et c'est un droit accordé aux personnes non francophones, depuis le XVIe siècle également. Nous aurons l'occasion de revenir sur cette situation importante.
En revanche, on remarque que le juge instructeur commet ici un impair procédural : il aurait dû faire procéder à l'établissement du corps du délit, étape majeure de la procédure. En effet, si un chirurgien a bien été dépêché sur les lieux dès la « dépendaison » de Marie, pour vérifier son état médical, et pour soigner les deux agressées, celui-ci aurait dû établir un rapport précisant le caractère criminel des blessures constatées. Ce point est important. Selon l'Ordonnance de 1670, c'est une étape obligatoire car c'est elle qui permet justement de poursuivre un acte estimé potentiellement criminel par la perspicacité même des hommes de l'art. En principe, deux spécialistes doivent intervenir : le médecin, homme de science qui représente l'autorité du savoir, mais qui ne touche pas le corps, et le chirurgien, praticien du corps et anatomiste souvent formé sur le tas[140], au statut moins reluisant, mais sur lequel

140 En principe formé dans une école de chirurgie depuis 1734, du moins en métropole, mais la majorité d'entre eux vient effectivement du Vieux-Continent où elle a été formée, ce qui n'est pas le cas de celui qui intervient, le sieur Alavoine. Marcel J. Rheault, *La médecine en Nouvelle-France. Les chirurgiens de Montréal, 1642-*

s'appuie l'institution judiciaire pour lancer un procès. Sans corps du délit établi... pas d'infraction criminelle ! Ici, le chirurgien-major, soit militaire, est seul qui plus est, mais nous sommes à Trois-Rivières, autant un gros bourg qu'une vraie ville[141], où il y a présence d'un autre chirurgien pourtant, et la justice fait avec les moyens du bord. Cette situation ne surprend guère à la vérité dans la mesure où ces experts n'interviennent pas toujours en Nouvelle-France. Nous préciserons que ce qui n'est pas encore qualifié de médecine légale fournit des rapports souvent précis et pertinents pour l'époque. Les hommes de l'art savent déterminer si une blessure est criminelle ou non, le type d'arme utilisé, les dégâts occasionnés. Évidemment, des différences qualitatives existent entre les chirurgiens en exercice, mais le crime est en temps normal « objectivisé ». En l'occurrence, pas besoin d'être grand clerc dans l'affaire Marie compte tenu des circonstances de son acte... En revanche, le juge ne s'est pas déplacé sur les lieux du drame, comme la loi lui ordonne : l'arme du crime n'a pas été examinée comme élément matériel de preuve.... Un oubli qui s'expliquera.

Ces erreurs de procédure n'empêchent donc pas la poursuite de l'instruction qui se prolonge en toute normalité, cette fois, par l'information. Cette étape cruciale dans une enquête criminelle, qualifiée par un jurisconsulte du début du XVIIIe siècle « vif crayon du procès[142] » pour bien en montrer l'importance, doit permettre de trouver des preuves sur les faits poursuivis. C'est donc effectivement l'un des moments phares du procès pénal ancien.

1760, Québec, Septentrion, 2004 et Reynald Lessart, *Au temps de la petite vérole. La médecine au Canada aux XVIIe et XVIIIe siècles*, Québec, Septentrion, 2012, particulièrement chap. 5 et 7. Sur le chirurgien Alavoine, voir le *Dictionnaire biographique du Canada*, en ligne : né en France, mais arrivé à Montréal dans sa prime jeunesse, Alavoine semble avoir été formé sur le tas. Installé à Trois-Rivières dans les années 1720, il exerce également comme chirurgien de l'Hôtel-Dieu de la ville, mais n'est reconnu comme chirurgien du roi, donc officiel, qu'en... 1758. Il est le seul chirurgien dans la ville jusqu'en 1748.

141 À s'en tenir à sa démographie. Trois-Rivières était considérée comme une ville au XVIIIe siècle, surtout du fait de la présence d'institutions administratives et coloniales : Julie Marleau, *La Juridiction royale des Trois-Rivières en Nouvelle-France*, *op. cit.*, p. 27 sq.

142 Lange, *La nouvelle pratique civile, criminelle et bénéficiale*, Paris, 1712, p. 108-109.

Trois types de preuves sont reconnus à l'époque : l'aveu, qui est rarement obtenu de plein gré, les preuves testimoniales et les preuves matérielles (qui ont valeur moindre, on les qualifie donc plutôt d'indices sérieux ou d'adminicules). Si l'aveu n'est pas obtenu, et que des indices sérieux sont là, le juge pourra ultérieurement essayer de l'obtenir par la force. C'est le recours à la torture judiciaire, la fameuse question (uniquement pour des crimes graves), objet de beaucoup de fantasmes sur la justice du temps des rois absolus, mais à la vérité bien peu utilisée au XVIIIe siècle, en France comme en Nouvelle-France[143]. Inutile de spéculer sur cet élément potentiel du procès pénal car Marie n'a pas été torturée. Les juges n'ayant pas eu besoin de recourir à l'aveu forcé. Les témoignages, sur lesquels les juges s'appuient bien plus fréquemment, sont rarement absents. Le cas échéant, on peut recourir à l'aide ecclésiastique par voie de monitoire : le juge demande alors la coopération du clergé, principalement des curés, pour contraindre les fidèles à venir témoigner de leur connaissance d'une infraction poursuivie, sous peine d'excommunication. La justice au Canada y recourt parfois[144], mais nul besoin dans l'affaire qui nous intéresse. De fait, des témoins il y en a, peu, mais en nombre suffisant (il en faut au moins deux de précis et clairs) puisqu'on en compte six. Et puis les circonstances du drame ne prédisposent guère à en avoir pléthore : l'acte a eu lieu dans un cadre domestique, privé pour ainsi dire, et les seules personnes extérieures à intervenir sont principalement un militaire faisant fonction d'officier de police et un chirurgien agréé. Les deux premiers, dont le capitaine Noyelles, sont appelés à déposer dès le lendemain du crime poursuivi, soit le 21 août 1759. Le juge leur a dûment fait prêter serment de dire vérité, avec le risque (faible) d'être parjures.

Le juge estime (on verra qu'il a partiellement tort) avoir suffisamment d'éléments pour commencer l'interrogatoire de l'accusée, qui a lieu soit dans la demeure du magistrat (pratique interdite mais connue), soit plus vraisemblablement dans la

143 Éric Wenzel, *La torture judiciaire dans la France d'Ancien Régime. Lumières sur la Question*, Dijon, EUD, 2011 et *Le* Grand Arrangement..., p. 108.

144 Éric Wenzel, *Le* Grand Arrangement..., p. 121-124 : aux environs de 2,5 % des procédures pénales.

prison, érigée en 1720[145]. Il faut bien avouer qu'à ce stade du procès, règne comme une certaine anarchie. On ne sait pas si le procureur du roi est intervenu pour faire poursuivre l'instruction, surtout ce même 21 août le juge instructeur commence à interroger Marie tout en poursuivant, ainsi que les jours suivants, les dépositions des autres. Or, il existe normalement un ordre procédural, quitte à être... procédurier : l'information doit être complète, donc la réception des témoignages, pour ensuite passer à l'interrogatoire, ou plutôt aux interrogatoires de l'accusée, car le juge peut le faire plusieurs fois, sans limite en théorie. Ici, Marie est interrogée deux fois, les 21 et 22 août, dont l'un des interrogatoires en présence des deux assesseurs qui composent le Siège, ce qui est interdit : d'après les textes, le juge instructeur doit le faire seul[146], hormis la présence indispensable du greffier ; nouvelle entrave à la droite ligne procédurale (même si les assesseurs ne semblent pas avoir pris une part active)... Nous aurons l'occasion d'étudier la substance de ces interrogatoires et dépositions. Pour l'heure, contentons-nous d'expliquer les principales étapes du procès de Marie pour les mettre en relation avec ce qu'oblige le « code » de procédure qu'est l'Ordonnance de 1670.... que le juge de Trois-Rivières ne maîtrise semble-t-il que partiellement.

Cette évidence est confirmée par le fait que Marie n'est décrétée de prise de corps que quatre jours après son second interrogatoire alors qu'elle est déjà, logiquement, en prison depuis cinq jours. Sans entrer dans trop de détails, il convient de rappeler qu'il s'agit là aussi d'une étape importante du procès, mais qui aurait dû arriver avant l'interrogatoire de Marie. Pour faire simple, précisons qu'à la suite de l'information, si le procureur du roi décide de poursuivre, le juge peut opter pour une double position par décret : soit faire venir l'accusé en le laissant libre de sa personne (décret pour être ouï), soit en le faisant conduire en prison (mais Marie y est déjà de fait), par décret de prise de corps, qui est la position normale en cas de crime grave ou bien si l'on craint pour l'accusé(e) (fuite, risque

145 Julie Marleau, *op. cit.*, f° 34-36.
146 Article 2, titre XIV de l'Ordonnance de 1670.

pour sa vie). C'est une forme de mise en prison préventive, comme cela se pratique encore de nos jours par mandat d'arrêt ou d'amener. Marie aurait dû être décrétée de prise de corps, soit, mais dès le 20 août. Ici, l'acte arrive un peu tard. Rien de grave, mais tout ça est un peu tangent. D'autant plus que le chirurgien Alavoine est finalement sommé de faire un rapport sur les blessures des dames Niverville et Chastelain et sur les traces de strangulation par pendaison de Marie, donc d'établir le corps du délit le... 28, soit plus d'une semaine après les faits et alors que la procédure a déjà été pleinement lancée ! Comme si le juge venait de se rendre compte du caractère illicite du procès en cours, comme un rattrapage procédural. Quoi qu'il en soit, le rapport du sieur Alavoine, s'il n'est pas un modèle de perspicacité médicale ou chirurgicale, n'en est pas moins suffisant pour attester du caractère potentiellement criminel des faits poursuivis. Alavoine note en effet une blessure sur la partie latérale gauche de la poitrine et sur l'épaule gauche de la dame Chastelain, ainsi qu'un coup de couteau sur la partie supérieure de l'épaule droite de la dame de Niverville, sur qui est aussi rapportée une égratignure sur l'épaule gauche[147].

Assez surprenant encore est le fait que le chirurgien soit appelé à déposer comme témoin : il est donc à la fois expert, donc auxiliaire judiciaire, et témoin. Rien d'illégal ici, mais la chose est assez surprenante pour être soulevée. Il nous faut avouer ne l'avoir pas encore rencontrée dans les procès criminels de l'époque, ni en France, ni au Canada. On peut toutefois en comprendre les raisons : Alavoine a été rapidement appelé sur les lieux, il a dépendu Marie, a pu constater les événements (il aurait donc pu et dû établir le corps du délit plus tôt !), a effectué une saignée sur Marie pour la... réanimer[148]. C'est une manière pour le juge d'avoir des éléments tangibles et disons objectifs.

À ce stade, l'instruction dite préparatoire est terminée. Le procureur du roi peut stopper le procès s'il estime qu'il n'y a pas ou guère matière à poursuivre, soit demander au juge de s'engager dans une instruction dite définitive, dans un

147 Archives du procès, f° 359.
148 Archives du procès, f° 346 v.

règlement dit au Grand Criminel. Autrement dit, poursuivre par ce que les textes nomment un procès « à l'extraordinaire ». On entre dans une étape potentiellement dramatique, qu'il convient de bien expliquer pour comprendre la future condamnation de Marie.

Marie sur la sellette : l'inévitable procès « à l'extraordinaire »

Contrairement à une certaine idée reçue, qui voit dans le procès pénal d'Ancien Régime une machine à broyer les accusés, l'Ordonnance criminelle, en fait les juristes qui l'ont rédigée et les politiques qui l'ont amendée, ont su faire preuve d'une étonnante souplesse.

En effet, un procès à l'extraordinaire peut ne pas être engagé et à la vérité seule une minorité des procès criminels se poursuivent au delà de l'instruction préparatoire[149]. La majorité des infractions sont traitées ou réglées « à l'ordinaire », soit par une procédure écourtée. De fait, quand les magistrats ont suffisamment de matière pour ne pas aller plus loin, ils ont à leur disposition des voies alternatives, dans lesquelles les justiciables possèdent une part importante d'initiative ou de choix : il est en effet possible de demander à l'accusé de reconnaître ses torts avec promesse d'une peine légère ou amoindrie par rapport à celle qu'il risque s'il ne veut pas entendre raison (c'est le jugement en l'état, sorte de plaider coupable de l'ancien droit) ; il est possible, si la victime le désire, de civiliser le procès pénal, donc de s'engager dans un procès civil pour obtenir non une condamnation de l'accusé, mais des dommages financiers ; il est possible, enfin, d'obtenir justice sous la forme d'une transaction, avec l'aval et sous l'autorité du juge ou du procureur du roi, ou bien d'un notaire également, qui rédigera un acte certifié par la justice. Au vrai, il est même possible de ne pas aller en justice du tout et régler ses problèmes ou ses conflits par un procédé dit infrajudiciaire, par la médiation ou conciliation d'une autorité reconnue (seigneur, curé, officier militaire). Tout ceci existe pleinement dans la

---

149 Au Canada moins d'un procès sur deux.

France d'Ancien Régime et dans le Canada de l'époque de Louis XIV et de Louis XV[150]. L'historienne québécoise Josianne Paul a bien montré comment tout un ensemble de procédés légaux et extra-légaux existe alors pour que justice soit rendue aux Canadiens sans passer par les fourches caudines[151]. Plus surprenant encore est le fait que certains crimes graves peuvent parfois être traités par ces voies alternatives alors que seules les infractions petites et moyennes, ce qu'on appelle aujourd'hui des délits, sont autorisées à être réglées ainsi[152]. La chose est rare, mais elle existe. Les juristes comme Daniel Jousse recommandent même chaudement de ne pas s'engager plus avant dans le procès compte tenu des risques (peines graves) qui pèsent sur les justiciables, lorsque les infractions peuvent être traitées par des moyens plus souples, ceux décrits précédemment.

Néanmoins, l'Ordonnance criminelle contraint les magistrats du roi à poursuivre la procédure jusqu'au bout lorsqu'il est question d'infractions graves. C'est la règle, même réduite par quelques exceptions. Poursuivie pour tentative d'homicide et tentative de suicide, il est normal que Marie soit jugée « extraordinairement », comme l'écrit le juge dans les actes de 1759. Marie n'a certainement pas conscience de ce qui se trame comme enjeu judiciaire et personnel. Elle a répondu aux questions du juge par deux fois. Elle est emprisonnée, sans l'aide de quiconque. Mais elle doit répondre de ses actes.

On entre donc dans la phase définitive de l'instruction et celle-ci semble bien mieux maîtrisée par la magistrature locale. Il faut dire que tout devient plus sérieux et plus lourd de conséquences potentielles.

L'instruction définitive débute comme il se doit par le récolement des témoignages. Il s'agit d'une étape importante là encore, qui consiste à faire revenir les témoins pour qu'ils confirment leur première déposition. Ils peuvent l'infirmer, la

---

150 Éric Wenzel, *Le* Grand Arrangement, p. 146-157.

151 Josianne Paul, *Sans différends, point d'harmonie. Repenser la criminalité en Nouvelle-France*, Québec, Septentrion, 2012.

152 Éric Wenzel, « Les magistrats de Nouvelle-France et le crime de rapt de séduction : juger en droit ou juger en conscience ? », *Revue d'Histoire de l'Amérique française*, n° 73-3, 2020, p. 57-77.

modifier, se rétracter. Une fois fait, le récolement fait passer les témoignages au rang de preuves dites légales. En somme, on les fixe pour les rendre officiels.
Chose faite, le juge doit maintenant confronter Marie avec celles et ceux qui l'accusent. Cette étape va prendre du temps, une dizaine de jours. On ne badine pas avec ce moment-clef du procès. En effet, c'est à cette occasion que Marie voit les témoins pour la première fois. Jusqu'à présent, elle ne savait pas qui déposait contre elle ou... pour elle. Elle a donc droit de les récuser, affirmer le peu d'honnêteté de ces individus, rappeler que certains lui ont fait des reproches par le passé, lui en veulent éventuellement, sont sous le contrôle d'autres témoins, voire, ici, de ses maîtres. Bref, que leurs propos ne peuvent pas être valablement retenus. Encore faut-il savoir tout ça, comprendre ce qui se trame ou joue ici. Certes, l'interprète lui explique, mais est-ce suffisant quand on ne comprend sans doute pas les arcanes de la justice du roi, ou peu. Ce qui explique sûrement pourquoi Marie ne récuse personne, pas même ses anciens maîtres.
Le 11 septembre, le procès entre dans sa phase finale. Marie est interrogée sur la sellette, ce qui mérite quelque explication là aussi. L'accusée se retrouve en effet devant le collège de juges qui va devoir se prononcer sur sa culpabilité ou son innocence. Trois juges forment ici le Siège, dont le magistrat qui a instruit l'affaire. C'est évidemment lui qui connaît le mieux le dossier et sa position est prépondérante. Mais avant que de décider, ces trois hommes doivent entendre Marie pour un ultime interrogatoire, précisément dit interrogatoire sur la sellette. En l'occurrence, l'accusée doit prendre position sur un petit tabouret de bois – littéralement une sellette -, ce qui la met dans une situation physiquement peu agréable. Ses juges sont eux placés sur une estrade, alors que Marie est interrogée, pour ainsi dire, au ras du sol, dans une position de dominée. Cette situation a donné lieu à une expression commune : « être sur la sellette » est en effet tirée du vocabulaire judiciaire. Les philosophes critiquent ce qu'ils considèrent comme une dégradation de la condition humaine (avec confusion avec la

torture, ce qui n'a rien à voir en termes de procédure)[153]. Dans le cas présent, les juges n'ont pas le choix. Ne peut être interrogé à la barre que celui ou celle qui est accusé d'infraction peu ou moins grave. Quoi qu'il en soit, cette étape est aussi des plus importantes car c'est la dernière fois que Marie peut se défendre avant le verdict. Avouons le, elle ne le fait pas vraiment, confirmant largement ce qui a été dit lors des précédents interrogatoires, non sans quelques variations sur lesquelles il conviendra de revenir.
Marie est alors reconduite dans les geôles du tribunal, en attente d'un verdict qui ne tarde pas à être prononcé, le jour-même.

LA PEINE : ENTRE RESPECT DE LA DOCTRINE PAR LES JUGES DE TROIS-RIVIÈRES ET SÉVÉRITÉ DU CONSEIL SOUVERAIN DE LA NOUVELLE-FRANCE

On le sait, Marie est condamnée ce 11 septembre de l'année 1759 à une peine sévère, puisqu'il s'agit d'une peine dite afflictive et infamante, au terme d'un procès qui peut paraître avoir été rondement mené (en gros, trois semaines), délai qui n'étonne pas pour qui s'intéresse à l'histoire judiciaire de l'époque de l'Ancien Régime. Les juges étaient plus prompts que de nos jours, pour trois raisons simples. La justice du roi implique une célérité, sous peine d'être considérée comme la marque d'un souverain incapable d'assurer correctement ce qui constitue alors l'une de ses fonctions symboliques essentielles – la Justice donc. Plus la justice est rapide plus elle est vue comme juste (ce qui est encore le cas dans la théorie juridique contemporaine). Plus prosaïquement, le personnel judiciaire était aussi nombreux qu'aujourd'hui, pour une population plus de deux fois moindre (en métropole évidemment), avec proportionnellement sans doute moins d'affaires à traiter (réticence des justiciables à régler leurs problèmes aux prétoires, rôle de l'infrajustice....).

153 Éric Wenzel, « La sellette... sur la sellette, ou les vicissitudes d'un séculaire instrument de la justice criminelle au temps des Lumières », *Gens de robe et gibier de potence en France du Moyen Age à nos jours*, Archives départementales des Bouches-du-Rhône, Images en manœuvre Éditions, 2007, p. 247-259.

Comment comprendre et apprécier la décision des juges de Trois-Rivières en cette fin d'été 1759, *annus horribilis* pour le Canada (perte de Québec dans le cadre de la conquête entreprise par les Anglais, en pleine guerre de Sept Ans) ?

Des preuves suffisantes

Revenons sur ce qui est l'explication première de la condamnation de Marie. Les juges avaient besoin de preuves et ils en ont eu assurément.

D'abord la découverte de l'accusée en état de quasi mort, revenue à elle par les soins du chirurgien Alavoine : Marie ne pouvait nier avoir tenté de se suicider. Quant à l'homicide involontaire, il ne faisait guère de doute, eu égard au contexte, que Marie avait tenté d'attenter aux jours des dames Chastelain et de Niverville : l'intervention rapide des forces de l'ordre, l'arme ensanglantée retrouvée sur place, etc. En droit, cela ne constituait pas des preuves « légales », mais des éléments probants, de sérieux indices.

Ensuite les témoignages : certes peu nombreux, mais allant tous dans le même sens. Une déposition sur les six apparaît comme non concluante, juridiquement parlant, celle de l'épouse du capitaine de Saint-Martin, un militaire à la retraite des troupes de la marine. Ce témoignage enregistré le jour du drame n'est en effet pas valide car il est « par ouï-dire ». Il ne relate pas une connaissance directe des faits. C'est en effet le fils du témoin qui déclare à sa mère que la dame Chastelain a été « poignarder[154] » (sic), mais elle-même n'a rien vu ni entendu directement. On peut supposer que le juge n'a pas tenu compte de ce témoignage. Les autres sont en revanche valables en droit : ils sont dus à une connaissance directe des événements. Celui de « Messire Nicolas de Noyelles, chevalier, lieutenant de la ville de Trois-Rivières (représentant du roi/gouverneur), âgé de 60 ans environ » est peut-être l'un des moins performants, si l'on peut dire. Il n'a en effet pas vu l'agression, seulement la tentative de pendaison de Marie dans le grenier. Il en est de

154 Archives du procès, f° 338 v.

même du chirurgien, mais aussi d'un autre témoin, un certain Panneton, un menuisier de 25 ans. *In fine*, le juge s'appuie pour l'homicide sur les dépositions des deux victimes, qui agissent comme témoins puisqu'elles n'ont pas porté plainte pour les raisons que l'on sait. On peut affirmer que cette décision du juge de voir dans les deux femmes agressées des témoins est tangente, moralement parlant, mais elle s'inscrit dans une logique procédurale. Le juge ici instruit factuellement à charge, mais il a besoin de témoignages et il les trouve là où il peut.

Enfin, et surtout, les aveux de l'accusée elle-même. Ils sont ici cruciaux, non obtenus par la violence, d'autant plus que pour la doctrine pénale de l'époque, l'aveu reste la « reine des preuves ». Surtout qu'il est rare, la plupart des accusés niant systématiquement les faits puisque c'est aux juges à trouver les preuves de la culpabilité. Marie a donc avoué, mais pas tout de suite. Elle a tenté de nier l'évidence en quelque sorte. Lors de son premier interrogatoire, elle essaie des manœuvres basiques[155] : non elle n'a pas donné de coups de couteau, n'ayant pas d'intérêt puisque n'étant pas maltraitée, tout en reconnaissant avoir voulu se donner la mort. Lors du second interrogatoire[156], Marie lâche un peu quelques bribes sur les événements de la funeste journée du 20 août : elle n'a pas voulu donner la mort, oui une lutte a bien eu lieu entre elle et les dames Chastelain et Niverville, mais elle a seulement voulu faire peur. Elle essaie aussi de minimiser sa tentative de suicide : elle ne se rappelle pas avoir été dépendue, ni avoir été saignée par le chirurgien qui tentait de la faire revenir à elle, comme si ces épisodes étaient sujets à caution. C'est donc principalement lors de la confrontation avec le lieutenant Noyelles que Marie avoue les faits[157] ; des faits qu'elle va en revanche continuer à nier ou minimiser lors de sa confrontation, ultérieurement !, avec ses deux maîtresses[158]. En effet, face au vieux militaire Marie reconnaît presque tout, tout en cherchant encore une échappatoire. Elle va jusqu'à confirmer les dépositions des deux femmes : une dispute a éclaté, les deux

155 Archives du procès, f° 360.
156 *Idem*, f° 353-354 : l'ordre des feuillets ne respecte pas la chronologie du procès....
157 *Idem*, f° 346.
158 *Idem*, f° 347 v .

femmes ont « repoussé » Marie dans la cuisine. Marie avait un couteau à la ceinture et s'en est servi. Mais elle affirme ne pas se souvenir que les deux femmes aient tenté de lui ôter le couteau, comme elles l'ont indiqué dans leur déposition respective. En revanche, Marie ne reconnaît pas ledit couteau qu'on lui présente comme l'arme du crime, ou plutôt tergiverse. Elle ne sait pas si c'est bien celui-ci « ou un autre plus petit » : on voit que Marie sait se défendre car une arme plus courte pourrait signifier qu'elle n'a pas voulu tuer, seulement blesser. Bref, elle se défend tant bien que mal. Plus assurée peut-être, si elle admet une agression contre la dame Chastelain, en aucun cas elle n'a commis le sacrilège, si l'on peut dire, de s'en prendre à sa maîtresse véritable, la dame de Niverville ! *In fine*, c'est donc devant ses juges, sur la sellette, que Marie reconnaît sans détour s'en être prise physiquement aux deux notables de Trois-Rivières, avec les explications que l'on sait. Toutefois, elle continue d'affirmer ne pas avoir voulu donner la mort. Sa tentative de suicide elle, étant déjà à peu près pleinement admise... et bien difficile à nier.... Aux juges d'apprécier toutes ces déclarations.

Un jugement de première instance conforme à la doctrine pénale

Être condamnée au bannissement à vie est une peine très lourde dans l'échelle doctrinale des peines prononcées au XVIIIe siècle. Les juristes de l'époque la classe en deuxième, après la peine capitale. Elle correspond en effet à une dégradation juridique, social et symbolique et à connaître une existence à venir difficile, celle d'une déclassée. On dit volontiers qu'être banni par la justice revient un peu à aller « se faire pendre ailleurs », littéralement être en rupture de ban. Pour une esclave amérindienne, le bannissement paraît presque une sentence incongrue et illogique, mais on l'a écrit et répété, l'esclave amérindien est traité en justice comme un justiciable ordinaire.
Pourquoi pas la mort ? Les juges ont dû estimer (ils ne justifient pas leur décision dans les minutes du procès, n'ayant pas à le faire à l'époque) que l'homicide étant peut-être involontaire,

assurément non prémédité, sans intention réelle de donner la mort, sous le coup d'une émotion individuelle (assimilée à une sorte de folie passagère, élément atténuant), que Marie ne méritait pas la mort. Son suicide ayant échoué de surcroît, la condamnation au bannissement s'inscrit donc dans une logique doctrinale. Marie n'est pas une meurtrière de fait, n'était pas coutumière de la fréquentation des tribunaux, on pouvait lui laisser comme une seconde chance... si tant est que celle-ci puisse être prise avec la déstabilisation inhérente à la peine prononcée

Sur un plan plus général, il faut rappeler que la peine capitale, sans être rare au XVIIIe siècle, est alors loin de constituer la majorité des sentences en Nouvelle-France. Nous l'avons estimé à moins du cinquième des peines, les amendes représentant plus du quart, tandis que le bannissement et les galères forment une proportion assez proche (entre 7 et 9 %), pour les procès jugés à l'extraordinaire seulement (ce qui diminue la gravité des peines globales). Et pour les jurisconsultes, si les preuves ne sont pas « aussi claires que le jour », alors point question de condamner, surtout de condamner à mort ! Ici quelques doutes quant au caractère intentionnel de son geste ont été profitables à l'accusée.

Dans le cas présent, les juges de Trois-Rivières optent donc pour la plus conforme des peines à la vérité. En effet, si la peine de mort peut être exclue, parce qu'il n'y a pas eu mort d'homme, en l'occurrence de femmes, une double tentative de crime est chose grave. Or, la doctrine pénale recommande précisément de punir de bannissement, à temps ou à vie, les femmes en remplacement des galères, peine plutôt réservée aux hommes[159] : « Cette Peine a lieu suivant nos Auteurs, lorfque le Cas eft de nature à mériter Mort naturelle, mais que les Preuves ne font pas exactement concluantes, & forment Seulement de fortes Présomptions telles qu'elles fuffiroient pour faire condamner aux Galeres perpétuelles, fi le Juge n'étoit retenu par des considérations particulieres tirées de l'âge, de l'infirmité, ou de la condition de l'Accufé. C'est la Peine que l'on prononce ordinairement contre les Femmes, au lieu de celle

159 Muyart de Vouglans, *Institutes au droit criminel*, p. 405.

des Galeres perpétuelles. ». On est bien dans ce genre de situation nous semble-t-il. En l'absence de peine de prison[160], qui officiellement n'existe pas encore (quoique pratiquée quand même), le bannissement fait office de réclusion. Notons que les juges d'instance, ou de premier degré, excluent Marie du ressort de leur juridiction, non de la colonie tout entière, privilège réservé au Conseil souverain de la Nouvelle-France. Tout paraît donc conforme : les juges de Trois-Rivières sont dans le ton judiciaire, si l'on peut le formuler ainsi.
Quant à la fustigation et au marquage de la fleur de Lys, la décision de ces deux peines dites accessoires, ou secondaires, est également conforme aux usages du temps. Le marquage ou flétrissure fait un peu office de casier judiciaire avant l'heure (les employeurs ou maîtres, mais également les autorités judiciaires et policières pouvant aisément savoir que tel individu a été déjà lourdement condamné), un casier indélébile en l'occurrence et peu propice à la réinsertion. Le fer chaud accompagne ordinairement le fouet lorsqu'il est question des galères ou du bannissement. Appliqué en place publique ou devant le tribunal, le fouet est recommandé principalement contre les voleurs, mais rien n'interdit de le prononcer pour d'autres crimes estimés graves[161]. Il consiste en l'application de cinq à six coups sur les épaules. Ces peines publiques (« dans les carrefours et lieux accoutumés de ladite ville » de Trois-Rivières) s'expliquent dans le cadre d'une pédagogie de l'effroi destinée à montrer, par et pour l'exemple, aux habitants, justiciables, ce qui les attend en cas de chute ou rechute dans la délinquance ou la criminalité[162]. Nous sommes dans une forme de communication politico-judiciaire commune de part et d'autre de l'Atlantique.

---

160 La prison ne doit alors servir qu'à la prise de corps des accusés pendant le procès. Évidemment, il existe la prison politique, comme à la Bastille. On sait qu'au XVIIIe siècle, en métropole du moins, elle est de plus en plus une alternative à des peines comme les galères ou le bannissement ; au Canada, beaucoup moins.

161 *Institutes au droit criminel,* p. 407.

162 André Lachance, *Délinquants, juges et bourreaux en Nouvelle-France* : « Le spectacle de l'exécution du châtiment ». Voir également Peter N. Moogk, « The Liturgy of Humiliation, Pain, and Death: The Execution of Criminals in New France », *Canadian Historical Review,* n° 88/1, 2007, p. 89-112.

Il faut donc bien conclure que Marie a été « bien » jugée selon les normes et les usages de son époque, même si ceux-ci sont imposés par le colonisateur. Considérée comme une Amérindienne et non comme esclave, ne doutons guère qu'elle n'aurait pas été traitée ainsi. Il est en revanche bien surprenant de voir le procureur du roi faire appel de la décision de ses confrères magistrats... Il est vrai que celui-ci avait demandé la peine capitale lors de ses dernières conclusions...
L'affaire de Marie n'est donc pas terminée. Elle passe maintenant entre les mains expertes de la haute magistrature canadienne, celle du Conseil souverain.

Une haute magistrature coloniale implacable

Avant que d'étudier le procès en appel, attardons-nous un peu sur la personnalité de celui qui en est à l'origine. Louis-Joseph Godefroy de Tonnancour (1712-1784) est l'une des figures marquantes de la vie judiciaire et plus largement de la société de Trois-Rivières au XVIIIe siècle[163]. Seigneur de la Pointe du Lac et procureur du roi comme son illustre père René, Louis-Joseph n'a pas laissé d'aussi bonnes impressions comme serviteur du roi que son paternel, loué pour avoir été un magistrat de qualité. On connaît Louis-Joseph plutôt pour ses activités de marchands et pour sa philanthropie à l'égard... des Autochtones ! On le sait également très porté vers les relations mondaines avec les notables de Trois-Rivières et il n'y a pas à douter que Tonnancour, dont le manoir voisine avec celui des deux victimes[164], fréquente alors le « clan » Chastelain-Niverville. Peut-être ces liens « de classe » ont-ils joué dans la volonté du procureur royal de voir punir plus gravement l'esclave de ses relations sociales privilégiées, peut-être ses amis ? Ce n'est qu'une supposition, qui touche également les relations des Niverville avec les Hertel, autre famille de notables trifluviens dont l'un des membres est, pour mémoire, le lieutenant criminel en titre, bien qu'absent du procès[165].

---

163 Voir sa présentation dans le *Dictionnaire biographique du Canada*, en ligne.
164 https://www.patrimoine-culturel.gouv.qc.ca
165 Jean Cournoyer, *La Mémoire du Québec de 1534 à nos jours. Répertoire de noms*

Quoi qu'il en soit, le procès en appel est rondement mené, une fois engagé, soit trois mois après la fin du procès d'instance ; période pendant laquelle Marie est restée dans les geôles. Conduit à Montréal (du fait de la prise de Québec par les Anglais), l'appel a lieu en une seule journée et consiste en un nouveau jugement sur pièces, hormis un unique interrogatoire, en présence d'un nouvel interprète. Les conseillers ne recommencent point une nouvelle instruction, comme cela leur aurait été possible, mais se positionnent principalement en fonction du dossier précédemment constitué ; ce qui est tout aussi conforme.
Marie fait les frais de ce passage devant la plus haute juridiction de la Nouvelle-France puisque l'on en connaît la décision finale sous la forme d'un arrêt criminel condamnant : « la dite Marie Sauvagesse à être pendue et étranglée jusqu'à ce que mort s'en suive a une potence qui pour cet effet sera dressée en la place du marché de cette ville », et que « que son corps mort y demeure exposé pendant deux heures » avant d'être jeté à la voirie, hors de toute terre consacrée[166]. Le procureur-général par intérim Perthuis avait préalablement réclamé la peine de mort. Ses confrères conseillers-juges l'ont, eux, bien suivi : spectacle de la peine dans un cadre urbain, typique d'une volonté d'instaurer la crainte dans un corps social pourtant habitué à la violence quotidienne depuis quelques années (dans le contexte de la guerre de Sept Ans).
On peut être surpris au premier abord de l'aggravation de la peine prononcée en appel par des conseillers qui confirment généralement, dans les deux tiers des cas, la sentence précédente. S'il arrive que des peines soient abaissées (un cinquième environ), les cas d'aggravation sont très minoritaires[167]. La position de la haute magistrature canadienne est en la matière proche de celle de ses homologues métropolitaines des parlements. Le procès de Marie est d'autant plus exceptionnel sur ce point que s'il arrive que les conseillers

---

propres, Québec, Stanké, 2001, p. 174. Le jugement du notaireremplaçant Le Proux et de ses assesseurs dans le procès de première instance n'en est que plus méritoire...

166 Procès de Marie, f° 397.

167 Éric Wenzel, *Le* Grand Arrangement, p. 144.

supérieurs se montrent plus durs, c'est souvent pour des affaires de vols. Membres de l'élite sociale coloniale, ils n'apprécient pas ces atteintes à la propriété qui les concernent au premier chef, comme ne les apprécient pas non plus les parlementaires parisiens, bourguignons ou bretons. La clémence intervient d'ordinaire dans les atteintes aux personnes, ainsi Marie Bouin, convaincue d'infanticide en 1747, condamnée à mort en premier jugement, mais finalement bannie de la colonie sur décision du Conseil souverain[168]. Pourquoi alors cette sévérité accrue à l'encontre de Marie ?

Si nous ne connaissons pas les motivations de la haute magistrature canadienne, pas plus que nous ne connaissons précisément celle des juges de premier degré (les jugements n'ayant pas alors a être motivés), l'historien peut s'interroger sur les fondements de cette décision en apparence peu conformes avec la doctrine pénale de leur époque, ni avec les usages et la pratique ordinaire des tribunaux de la colonie. L'arbitraire des juges, plutôt « juste » en première instance dans le procès de Marie, apparaît sous un jour plus sombre en bout de procédure. Ceci est d'autant plus surprenant que les conseillers-juges de « Québec » forment, avec le procureur-général, l'élite de la judicature canadienne[169] et qu'ils maîtrisent les arcanes du droit bien mieux que ceux de Trois-Rivières, dont on a pu constater les erreurs et les approximations. Parmi les signataires de l'arrêt définitif, on note la présence des deux frères Cugnet, dont l'un, François-Joseph (1720-1789) est réputé comme l'un des plus brillants juristes de la fin du régime français[170].

C'est que le procès de l'esclave amérindienne Marie cache peut-être d'autres fondements que de seules questions ou problèmes de procédure. Il apparaît bien comme révélateur d'un plus large système, celui du fonctionnement même de la colonie française d'Amérique et ce dans un contexte difficile.

---

168 BAnQ Québec, Fonds du Conseil souverain, TP1, S777, D159, 12 juin 1747.

169 David Gilles, « Les procureurs du roi au sein du conseil souverain de Nouvelle-France : figures de proue de la *juris dictio* ou voix du roi ? », dans *La magistrature ultramarine, op. cit.*, p. 132-131.

170 Il est connu pour avoir permis aux Canadiens ex-sujets du roi de France d'obtenir un système juridique particulier au civil après la Conquête anglaise.

Chapitre 3

Une affaire judiciaire révélatrice du système colonial de la Nouvelle-France ?

Plusieurs écueils judiciaires apparaissent dans le procès de l'esclave Marie en 1759. Ceux-ci se retrouvent dans plusieurs autres affaires traitées par la judicature canadienne à l'époque de la Nouvelle-France. On peut donc affirmer qu'ils témoignent d'un problème de fond et que le cas Marie n'est en rien isolé.
Si la justice coloniale ne fonctionne pas si mal, elle souffre de problèmes structurels qui peuvent être amplifiés en fonction des aléas de l'histoire, soit de réalités contextuelles.

UNE AFFAIRE RÉVÉLATRICE DES INSUFFISANCES DE LA JUSTICE EN NOUVELLE-FRANCE

Le procès de Marie révèle en effet plusieurs défauts institutionnels et judiciaires. Nous en pointons au moins trois.

Des juges professionnels trop peu nombreux

Cette réalité est en fait commune aux juridictions royales de l'espace laurentien au XVIIIe siècle. Le problème semble lié à un manque d'intérêt des Canadiens pour la chose judiciaire, ce qui explique que la majorité des magistrats en poste dans la colonie est encore issue de l'émigration depuis la France (seul environ un gros tiers des magistrats sont habitants du cru[171]). Et

171 À Trois-Rivières, pendant le régime français, trois des six lieutenants civils et criminels qui dirigent le tribunal sont nés en Nouvelle-France toutefois.

comme les postes coloniaux n'attirent pas forcément les juristes métropolitains, surtout au Canada[172], on comprend aisément que les tribunaux canadiens n'aient pas les effectifs suffisants ou nécessaires.

À Trois-Rivières, ou aux Trois-Rivières comme on dit alors volontiers, les effectifs sont loin d'être pléthoriques et la démographie locale n'aide pas. On compte un juge professionnel unique, le lieutenant général civil et criminel (il y en a deux dans les deux autres tribunaux royaux, le lieutenant général et un lieutenant particulier), qu'accompagne un procureur du roi, un greffier, quelques membres subalternes de l'administration judiciaire[173]. Il faut donc faire appel à la société civile pour pouvoir garnir le Siège, ce collège chargé de distribuer la sentence ! Le problème est récurrent dans la colonie et pour combler les effectifs, on intègre au tribunal pour des missions *ad hoc* des membres des professions judiciaires (notaires, huissiers...), des officiers militaires, mais aussi des marchands, etc., bref des cadres de la société civile... Certains ont une formation ou expérience dans le droit, mais est-ce suffisant pour être compétent ? Poser la question... À Québec, surtout, et Montréal, villes plus importantes, on trouve plus facilement des juristes de formation, mais à Trois-Rivières, il est permis d'en douter. Dans le cas présent, le premier des deux assesseurs qui composent le Siège se nomme J.-B. Fafard Laframboise, que l'on sait à cette date être un ancien praticien, c'est-à-dire un juriste sans titre officiel, et qui est intervenu comme juge remplaçant dans des affaires civiles[174]. Son comparse Claude Paulin, seigneur de Cressé, n'a comme formation juridique que le fait... d'avoir été demandeur dans plusieurs requêtes civiles[175]. Sa notabilité - il est lié à une famille connue dans la construction des navires au Canada - lui tient sans doute lieu de compétence...

172 Éric Wenzel, « Intégrer la magistrature coloniale à l'époque de l'Ancien Régime : conditions normatives et réalités ultramarines », *Outre-Mers, Revue d'histoire*, n° 398-399, juin 2018, p. 145-170. Voir aussi *La magistrature ultramarine au temps du Premier Empire colonial. Statuts, carrières, influences*, Dijon, EUD, 2020 (avec Éric de Mari).

173 Julie Marleau, *op. cit.*, p. 52 sq.

174 BAnQ, Trois-Rivières, TL3, S11, P4830, 21/3/1757.

175 BAnQ, Trois-Rivières, TL3, S11, P4061, 4194, 4195, toutes des affaires en 1750.

Le problème est surtout d'ordre institutionnel, à savoir que le Siège doit en principe être composé de sept juges en première instance, afin de dégager une majorité sereine et sûre, qui doit d'ailleurs se prononcer à une voix supplémentaire de majorité pour prononcer la peine capitale (soit cinq voix). Il faut au moins onze conseillers en appel, ce qui est conforme aux effectifs du Conseil souverain (deux voies de majorité pour la peine de mort, quorum atteint donc dans le procès en appel de Marie). Comme on a pu le constater, les juridictions de premier degré canadiennes se contentent de trois juges pour décider de la sentence.
Il est vrai que nous sommes aux colonies et que là encore, il faut bien que justice soit faite. Là n'est pas le problème principal cependant.

Un juge instructeur compétent ? Le problème de la qualification du personnel judiciaire

Dans le procès de 1759, l'écueil institutionnel principal vient de la personnalité de celui qui instruit la procédure. Tâche dévolue au lieutenant criminel, le dénommé René-Ovide Hertel de Rouville (1720-1792), en poste depuis 1745, ce n'est pourtant pas lui qui en charge du dossier de l'esclave Marie. Hertel de Rouville dénote pourtant au Canada pour avoir une réelle formation en droit. Il a suivi les cours privés dispensés par le procureur général Verrier l'année 1743. Ces cours sont importants : faute de faculté de droit dans la colonie, Verrier a réussi à obtenir l'aval des autorités coloniales, notamment de l'intendant Hocquart, très critique sur la valeur des magistrats locaux, pour lancer dans les années 1730 une formation privée afin de permettre aux Canadiens désireux d'embrasser une carrière dans la judicature d'avoir les bases minimales, sans aller faire son droit en métropole comme le font alors les Antillais par exemple. Les cours ont été reconnus de qualité et sont devenus un passage obligé pour les candidats au Conseil souverain de la Nouvelle-France, et sont vivement recommandés pour les aspirants à un poste dans les juridictions inférieures[176]. Hertel reprendra du service après la conquête britannique qui louera ses qualités[177].

Absent au moment du procès, ce magistrat est remplacé au pied-levé par un certain Jean Le Proust, « praticien auprès de la juridiction royale de Trois-Rivières ». En métropole, ce genre de situation serait plus que caduque, voire rendrait la procédure nulle. Au Canada, faute de personnel adéquat, on fait au mieux. Qui est ce Jean Le Proust ? Un praticien est en principe un juriste de formation sans charge précise. En Nouvelle-France, cela peut relever des fonctions aussi diverses que celles d'huissier, de notaire, etc. Jean Le Proust est en réalité notaire royal.[178] Dans le contexte trifluvien du XVIIIe siècle, l'historienne de la juridiction royale Julie Marleau note la présence de ces professions variées, peu nombreuses, mais indispensables à la bonne marche du tribunal. Mais être capable de rédiger des actes, traiter éventuellement des problèmes de droit civil, liés à des questions de mariage, de succession, de contrat, etc., est une chose. Juger au criminel et maîtriser les arcanes de la procédure pénale en est une autre, aux conséquences bien plus lourdes.

À bien y regarder toutefois, Maître Le Proust ne s'en est pas si mal tiré : il fait quelques erreurs de procédure, se reprend bien dans l'étape la plus lourde de conséquences, le passage à l'extraordinaire, juge plutôt correctement avec ses deux assesseurs. Même l'instruction est sur le fond correctement menée. À lire les interrogatoires de Marie, Le Proust fait son travail de juge instructeur au mieux, selon les recommandations de la doctrine. On rappellera qu'à l'époque, le droit pénal n'est point enseigné dans les facultés, pas plus que dans les cours de Verrier, qu'il n'a pas suivis évidemment ! On n'apprend pas à

---

176 Éric Wenzel, « "Afin que ceux qui aspirent aux charges de judicature puissent estre instruits" : l'implication du procureur-général Verrier dans la formation des officiers de justice en Nouvelle-France. Une adaptation juridique ? », dans *Thémis Outre-mer : adapter le droit et rendre la justice aux colonies (16e-19e siècles)*, Dijon, EUD, 2015, p. 67-78.

177 *Dictionnaire biographique du Canada*, article correspondant.

178 BAnQ, Trois-Rivières, TL3, S11, P3758 :« Insinuation du contrat de mariage entre maître Jean Le Proust (Leproust, Leprou, Prou, Proulx), notaire royal de la Juridiction des Trois-Rivières, et damoiselle Marie-Anne Goubaud (Goubault), passé par maître Pillard, notaire royal de Trois-Rivières, le 21 septembre 1747.

devenir magistrat de terrain au criminel. On se contente de la lecture commentée de l'Ordonnance de 1670. Les ouvrages de doctrine prennent donc une importance considérable et l'on peut supposer que Le Proust s'y est frotté avant de passer aux actes, sinon il aurait été bien en peine d'instruire. Il existe également ce qu'on appelle des « stiles » ou « styles », c'est-à-dire des ouvrages pratiques qui rappellent les étapes à suivre et la manière de se comporter de la part des juges en fonction. Pas sûr que Le Proust y ait eu accès... Suivant les recommandations des jurisconsultes, le notaire trifluvien pose en effet des questions claires, non spécieuses, ne cherche pas à faire tomber l'accusée *a priori,* même si son but est d'évidence d'obtenir un aveu. Il fait preuve de professionnalisme, ainsi que le recommandent les traités de son temps. Il agit avec célérité et laisse les témoins déposer sans intervenir, tout ceci en conformité avec les usages de la pratique[179]. Tout juste note-t-on un emportement le jour du premier interrogatoire de Marie lorsque Le Proust affirme à l'accusée qu'elle ment lorsqu'elle déclare ne pas se souvenir d'avoir agressé ses deux maîtresses. D'ailleurs l'accusée a le droit de mentir, c'est même la seule à pouvoir le faire selon le principe qu'un accusé n'est pas tenu de se dénoncer. On aura compris, malgré l'absence de titres et d'une formation véritable, Le Proust n'a commis des impairs que sur la structure du procès, non sur le fond de sa mission. Dans le contexte canadien du XVIIIe siècle, ce n'est déjà pas si mal.

Qu'en est-il d'un autre intervenant dans le procès, le nommé Chevalier, armurier de son état, nommé interprète dans la foulée de l'arrestation de Marie ?

Le rôle majeur, mais ô combien délicat, de l'interprète

La présence des interprètes comme auxiliaires de justice en Nouvelle-France est des plus courantes, compte tenu de la population amérindienne et de celle d'individus issus des colonies anglaises voisines, mais aussi du fait d'une

---

179 Éric Wenzel, *Le* Grand Arrangement..., p. 94 sq.

immigration allemande, hollandaise, irlandaise, sans parler des soldats étrangers qui servent dans les armées du roi. Certains de ces interprètes officient comme des quasi professionnels de la médiation linguistique. Plusieurs sont des officiers militaires, habitués dans les forts à côtoyer les « Sauvages » ou à encadrer des contingents indigènes. Une part non négligeable des procès criminels (environ 10 %) donnent lieu à leur intervention nécessaire et obligatoire ; obligatoire selon les ordonnances en vigueur car en métropole aussi on a encore besoin de leurs services dans un pays où les langues vernaculaires sont parlées par la majorité des habitants. Mais comme les actes doivent être rédigés en français...

L'interprète doit expliquer au justiciable concerné les propos du juge, puis les rapporter dans une traduction la plus brute qui soit (sans... interprétation) en retour au juge et au greffier. L'interprète a une fonction assez passive, puisqu'il ne doit pas faire de commentaires.

Nous avons eu l'occasion de porter une attention précise au rôle des « truchements » dans les procès en Nouvelle-France, ce qui nous a permis de distinguer trois grandes situations, non systématiques. Lorsque les accusés sont d'origine européenne, les interprètes semblent traduire les paroles entendues sans grandement les travestir. Il est vrai qu'il est sans doute plus facile de maîtriser les langues européennes parce que le sens des mots est souvent proche. Il arrive toutefois que les accusés refusent la médiation de l'interprète : ils maîtrisent suffisamment le français et ne veulent pas d'un risque de trahison de leurs propos. C'est une hardiesse, parfois payante. Surtout, plus important pour notre propos, lorsqu'il s'agit de traduire les paroles des Amérindiens, il est rare que l'interprète n'use pas pour le juge d'un vocabulaire francisé. On le voit aux réponses rédigées par le greffier[180]. Cette réalité n'est pas forcément au détriment de la personne interrogée car les interprètes font souvent au mieux pour rendre les réponses

180 Éric Wenzel, « *The voice of the litigant, the voice of the spokesman ? The role of interpreters in trials in Canada, under the French Regime (17th-18th centuries)* », acte du colloque *Voices from the Legal Archives*, Lake Massawippi, Quebec, May 28-30 2018, Abingdon, Routledge Press - Taylor & Francis Group, 2020, p. 243-257.

intelligibles pour le juge, ce qui évite à des Amérindiens des condamnations. Mais jusqu'à quel point ? Et puis au delà de la traduction que comprend vraiment Marie la Crie devenue esclave, donc reléguée à des tâches quotidiennes si éloignées d'un si étrange procès... de « Blancs » ? On sait que d'autres esclaves panis sont interrogé(s) ou bien déposent comme témoins en français[181]. Situation bien différente du procès de Marie, celui de l'esclave Constant, accusé de vol avec effraction à Montréal l'an 1756 : lui n'a pas besoin de la médiation d'un traducteur et l'un des déposants, un certain Joseph, esclave lui aussi (d'ailleurs de Trois-Rivières), le fait également dans la langue de ses maîtres[182]. On pourrait supposer que ce sont là des esclaves de longue date, or Constant n'est « avec les Français que depuis cinq ans », ce qui laisse entendre, précision intéressante dans une histoire des rapports maîtres/esclaves, que son propriétaire, le sieur de Saint-Blain, a tenu à lui apprendre sa langue d'adoption forcée.

Dans le procès de Marie, on peut douter de l'emploi par l'accusée de mots comme « gronderie », de « boisson enivrante » ou de « ny remord ny regret », qui ne font sans doute pas partie, tels quels, de la langue... outaouaise. Chevalier ne parle en effet pas le Cri et l'on peut penser qu'à Trois-Rivières, personne ne le parle, alors que les interprètes en huron, en iroquois, en abénaquis, etc., ne manquent pas dans la Vallée du Saint-Laurent. Chevalier est officiellement armurier dans les magasins du roi à Trois-Rivières, une fonction de gestionnaire qu'il occupe depuis dix ans[183]. D'où lui vient sa connaissance de la langue outaouaise ? Nous connaissons l'existence d'un certain Joseph-Maurice Chevalier, né dans le Pays d'en Haut au fort et comptoir de traite de Michilimackinac, actuel Michigan, en 1728 et décédé en 1769 à Trois-Rivières. Il s'agit peut-être de notre traducteur, ce qui expliquerait qu'il a pu être au contact des Outaouais installés au

181 Dominique Deslandres, article cité *supra*.

182 BAnQ Vieux-Montréal, Juridiction royale, TL4, S1, D6131 et BAnQ Québec, TL5, D1906.

183 BAnQ, Québec, E1, S1, P3930 : Commission d'armurier du Roi dans les magasins de Sa Majesté aux Trois-Rivières par l'intendant Bigot pour Joseph Chevalier

cœur de ce secteur géographique[184] ; sans certitude toutefois sur son identité. On sait que les Cris fréquentaient le lieu.
Quoi qu'il en soit, Chevalier fait certainement au mieux, dans des conditions peu satisfaisantes, c'est une évidence. On sait que la traduction réelle d'une langue étrangère à une autre est impossible. Une perte de sens existe d'autant plus que celles-ci viennent de mondes culturellement différents, par delà la maîtrise « technique » du traducteur qui n'a guère d'autre choix que « d'interpréter », donc d'inévitablement trahir plus ou moins le locuteur. Entre le français et le cri, même sans être spécialiste, ce n'est pas tomber dans l'imagination que d'affirmer qu'il existe un fossé linguistique et sémantique, alors si tant est que Chevalier ne comprenne que partiellement la langue des Outaouais et que Marie soit dans la même situation... D'aucuns diraient que Chevalier et Marie sont un peu « perdus dans le traduction », pour paraphraser le titre d'un célèbre film[185]. Cette réalité n'est pas à mettre au compte des insuffisances de la justice à Trois-Rivières. Il s'agit d'un problème de fond de la justice en terres coloniales.

DES INSTITUTIONS JUDICIAIRES AU SERVICE D'UN *ORDRE* COLONIAL

C'est bien tout un système colonial que l'on perçoit à travers les archives judiciaires de l'époque du régime français en Nouvelle-France en général et dans celles relatives au procès de l'esclave Marie au moment où la colonie française d'Amérique est en passe d'être conquise par la Grande-Bretagne.

L'importance du contexte : un procès à l'heure de la chute de la Nouvelle-France

Engagée dans la guerre de Sept Ans depuis 1756, dont les théâtres d'opérations se situent principalement en Europe, la

184 https://gw.geneanet.org/boylansr?n=chevalier&oc=&p=joseph+maurice
185 *Lost in Translation*, 2003.

France est prise dans un conflit largement mondialisé. On se bat sur terres, sur mers, et dans les colonies. La Nouvelle-France est au cœur de l'événement et les combats contre les Anglais, dont les colonies sont voisines de la française, ont en réalité débuté dès 1755 en Amérique septentrionale[186]. Tout ceci est bien connu et il n'est pas de notre propos de disserter plus profondément.

Plus important est le contexte plus immédiat. Le procès de Marie est presque exactement contemporain des débuts de la chute de la Nouvelle-France, dont le point d'orgue est la fameuse prise de Québec. Commencé en juin 1759, le siège de la ville par le général Wolfe fait tomber la capitale de la colonie en septembre de la même année, au moment même où débute notre affaire judiciaire. On sait que la chute en cours a des répercussions globales, à la fois politiques, militaires, mais également sociales, au sens large du terme[187].

Si le Canada ne sera définitivement conquis qu'en 1760, avant l'officialisation de la perte de l'Amérique française trois ans plus tard par le Traité de Paris, dès les années 1750 des bouleversements sociaux sont à l'œuvre ; bouleversements dont témoignent les archives judiciaires. Une immigration active de populations françaises issues de provinces traditionnellement peu concernées par le Canada et qui n'en connaissent pas les « codes », l'arrivée d'une partie des Acadiens, chassés de leurs terres par les Anglais (le fameux *Grand Dérangement*) en 1755, et celle de nouveaux contingents militaires pour mieux défendre la colonie (et l'on sait que la présence des troupes est un facteur criminogène à l'époque de l'Ancien Régime) perturbent la société canadienne. La Nouvelle-France voit sa démographie grimper de 50 % environ en dix ans, dans un contexte peu propice, c'est énorme ! On remarque en effet une augmentation manifeste des affaires de délinquance et de criminalité et une répression plus dure par les tribunaux.[188] Certes, cette

186 Laurent Veyssière, Bertrand Fonck (dir.), *La guerre de Sept Ans en Nouvelle-France*, Québec, Septentrion (Canada) et Paris, PUPS (France), 2012 et Edmond Dziembowski, *La Guerre de Sept Ans (1756-1763)*, Paris, Perrin, 2015.

187 Bertrand Fonck, Laurent Veyssière (dir.), *La chute de la Nouvelle-France. De l'affaire Jumonville au Traité de Paris*, Québec, Septentrion, 2015.

188 Éric Wenzel, *Le* Grand Arrangement, p. 41.

augmentation concerne surtout Québec, le centre névralgique de la colonie menacée, à un degré moindre Montréal, le centre majeur de la traite et du commerce, moins Trois-Rivières, petite ville un peu déclinante. Toutefois, les événements récents - la perte de la capitale coloniale - ne peuvent pas ne pas influencer les décisions judiciaires, d'autant plus que les membres du Conseil souverain se sont réfugiés à Montréal, d'où les appels sont traités. Or, c'est précisément au niveau de la justice supérieure que l'on note une plus grande sévérité des juges depuis quelques années[189]. La décennie qui précède et dans laquelle prend place la chute de Québec (1749-1759) voit une augmentation des condamnations à mort au Canada, qui font plus que doubler[190] (même si leur nombre effectif reste peu élevé).

Le procès de Marie tombe mal, si l'on peut dire en cette « année des Anglais », d'autant plus que les Français peinent depuis deux saisons à maintenir leurs alliances avec les Nations autochtones, même si les Indiens domiciliés de la Vallée du Saint-Laurent restent encore fidèles jusqu'à l'année suivante[191]. À Montréal, où se sont réfugiés le gouverneur Vaudreuil, l'intendant Bigot, l'évêque de Québec et les cadres au service des institutions coloniales, la situation en cette fin d'année 1759 n'est pas au mieux : la disette menace en une fin d'automne à la météorologie peu clémente[192] et alors que les alliances avec les Amérindiens commencent à se déliter. Les tensions multiples sont palpables, ce dont témoignent les affaires judiciaires. On est donc dans une période de crise. L'ordre colonial, dont les magistrats sont en partie les garants, est mis à mal.

---

189 Jean-Philippe Garneau, « Rendre justice en Nouvelle-France : les voies et les limites de l'obéissance », dans *La gouvernance en Nouvelle-France, Bulletin d'histoire politique*, volume 18/1, 2009, p. 90.

190 Donald Fyson, « La peine capitale au Québec, 1760-1867 : modèle européen ou spécificité coloniale ? », dans *Adapter le droit et rendre la justice aux colonies (XVIe-XIXe siècles), op. cit.*, p. 229-240.

191 Gilles Havard, Cécile Vidal, *op. cit.*, p. 661.

192 Jacques Lacoursière, *Histoire populaire du Québec. Des origines à 1791*, Québec, Septentrion, 1995, p. 315-316.

La justice institutionnalisée est toujours à double visage : défendre un idéal de justice emprunté au droit naturel, défendre la société dont elle est issue. Dans les colonies françaises de l'époque moderne, la justice vise principalement à maintenir la présence française outre-mer, qui y a fondé un ordre colonial fondé sur les points suivants : souveraineté théorique d'un roi lointain, domination des colons sur les populations indigènes, développement et exploitation à but commercial, voire ségrégation « raciale », particulièrement marquée aux Antilles. S'il arrive que les juges donnent raison à des esclaves contre les excès des maîtres (nous en avons donné quelques exemples pour le Canada), y compris sous les Tropiques où le Code noir est censé protéger contre la violence extrême des planteurs[193], il va sans dire que ces mêmes juges, parfois propriétaires terriens et d'esclaves eux-mêmes, ne doivent pas aller jusqu'à prendre des décisions qui viendraient remettre en cause le fonctionnement général de la colonie dans laquelle ils officient. Dans les faits, même si la justice française dans le Canada du XVIIIe siècle doit souvent composer avec des réalités ultramarines qui ne permettent pas aux lois et règlements de bien être appliqués (par exemple en ce qui concerne les Indiens), elle est un moyen de domination factuelle des colons sur les Autochtones, principe même d'une colonie de peuplement. Il suffit de voir la personnalité des témoins dans l'affaire Marie : à l'exception peut-être d'un seul, ce sont tous des notables, des dominants de la société coloniale et locale. Entre le personnel judiciaire et ces élites, on est sensiblement dans le même monde. Si l'on prend en compte le fait que dans l'espace laurentien les colons se sentent de plus en plus canadiens, sans rejeter leur allégeance à la France de Louis XV pour autant, il est logique d'admettre que le pouvoir judiciaire local se sente d'autant plus volontaire à maintenir la domination des colons sur les dominés que sont censés être les Amérindiens (cela n'est vrai que pour les domiciliés) et plus encore les panis.

---

193 Un exemple parmi d'autres dans Éric Wenzel, *La Grenade française et ses institutions coloniales. Une île entre échanges et dépendance*, Paris, L'Harmattan, 2020, chapitre 4.

Les institutions militaires étant en partie déficientes, du fait du contexte et de la propension des troupes à mettre autant de désordre que d'ordre dans la colonie, les instances judiciaires peuvent se sentir d'autant plus légitimes à maintenir un semblant d'autorité. Le procureur-général et ses confrères conseillers, en plus d'être des juristes de terrain, sont aussi la « voix du roi[194] », donc de l'autorité et de l'ordre politiques en Nouvelle-France.

Précisons que l'intendant Bigot (dont la signature apparaît en fin d'arrêt), responsable de l'administration coloniale et l'un des deux représentants du roi en Nouvelle-France, préside la haute cour de justice de la colonie, à une époque où la séparation des pouvoirs n'existe pas[195]. Même si on sait aujourd'hui que l'homme, dont les pouvoirs s'étendent comme chez ses homologues métropolitains à « la justice, la police et les finances », n'a pas été aussi « pourri » qu'on l'a longtemps soutenu, il n'empêche qu'il a alors intérêt à montrer du zèle dans la conduites des affaires publiques en un moment terrible.

S'il serait anachronique, et d'ailleurs peu opératoire pour l'Ancien Régime, d'évoquer une justice de classes à la manière un peu rigide dont l'entend l'idéologie marxiste (nobles et bourgeois se fréquentent largement dans des intérêts communs ; les seconds aspirant à intégrer juridiquement l'ordre composé par les premiers), on peut admettre que les esclaves, dans un contexte de déliquescence coloniale qui plus est, constituent un peu une sorte de « classe dangereuse » potentielle, dont on peut craindre les actes en période de crise.

La justice est partie intégrante de la gouvernance en général et de la gouvernance coloniale en particulier, notamment au Canada où les tribunaux sont strictement urbains au XVIIIe siècle depuis la disparition des juridictions seigneuriales à la fin du siècle précédent. Les institutions judiciaires sont situées là où se trouvent les instances administratives et militaires

194 David Gilles, « Les procureurs du roi au sein du Conseil.... », article cité *supra*.

195 Marie-Ève Ouellet, *Le métier d'intendant en France et en Nouvelle-France au XVIIIe siècle*, Québec, Septentrion, 2018. Pour rappel, la police signifie alors l'administration générale, dont... la police.

(gouverneurs, intendants) et sont là pour aider à gérer la Cité, au sens politique du terme[196].

Garants de l'ordre colonial, les membres du Conseil souverain, peut-être davantage que le personnel judiciaire de la petite juridiction de Trois-Rivières, ville plutôt calme au demeurant[197], sont ainsi sans doute plus prompts à châtier les délinquants et criminels, les esclaves d'autant plus, qu'ils viennent de vivre de plein fouet, par la fuite, l'événement tragique de la perte de Québec. L'ordre colonial est alors en plein effritement, d'où une radicalisation des élites et des institutions à tenter de le maintenir. Les périodes de conflits sont toujours propices à un ébranlement de la puissance du pouvoir colonisateur qui tombe ainsi dans des manifestations de répression ; les lendemains des deux guerres mondiales le montreront davantage encore.

Si le premier système ou premier empire colonial, commencé peu ou prou au XVIe siècle et qui se prolonge jusque dans la première moitié du XIXe siècle, ne semble pas connaître une violence comme mode de gouvernance aussi poussée (à quelques notables exceptions près, dont certaines ont été évoquées[198]) que le second, celui des XIXe et XXe siècles[199], la violence du colonisateur s'exerce toujours sur les indigènes. Marie, en tant qu'esclave amérindienne, bien que jugée comme une justiciable ordinaire, ne pouvait pas ne pas en subir les effets.

---

196 J.-P. Garneau, article cité *supra*, p. 94.

197 Hormis un incendie criminel qui détruit une partie de la ville en 1752.

198 L'Amérique française n'est pas sur ce point l'Amérique espagnole.

199 Jean-Pierre Bat, Nicolas Courtin (dir.), *Maintenir l'ordre colonial. Afrique et Madagascar (XIXe-XXe siècles)*, Rennes, PUR, 2012 et Éric Savarèse, *L'ordre colonial et sa légitimation en France. Oublier l'Autre*, Paris, L'Harmattan, 1998.

Conclusion générale

En écho à la conclusion du professeur André Côté dans sa présentation du procès de l'esclave amérindienne Marie en 1759, à savoir une justice française implacable s'appliquant indistinctement aux populations d'origine métropolitaine comme aux populations serviles présentes dans le Canada d'avant 1763, ce livre dresse un bilan plus nuancé.

S'il est vrai que les panis sont jugés comme des justiciables comme les autres, à l'inverse des individus libres appartenant aux Premières Nations, Thémis, ou plutôt Dikè, cette déesse chargée de la justice appliquée, n'est pas si implacable que cela. Marie a eu droit à un premier procès plutôt équitable, replacé dans son époque. Malgré quelques mauvaises conformations en matière de procédure, les juges de Trois-Rivières, dont elle connaissait peut-être certains d'entre eux, ont été respectueux de lui infliger une peine sévère, mais appropriée aux usages canadiens et français de son temps ; sans rudesse excessive eu égard au fait qu'elle était tout de même accusée d'une double tentative de crime. En revanche, c'est la haute magistrature coloniale, celle du Conseil supérieur de la Nouvelle-France, qui se montre alors bien rude à son encontre, dans un contexte de crise généralisée de la colonie française en Amérique septentrionale. C'est tout autant si ce n'est davantage le contexte que le système qui explique la sévérité finale des juges.

Marie n'a pas bénéficié de la souplesse de la justice coloniale réservée aux Amérindiens. Devenue esclave avant tout, y compris aux yeux des siens, elle n'a pas eu droit à cette mansuétude factuelle dont font preuve les autorités judiciaires de la Nouvelle-France lorsqu'il est question de criminalité autochtone. En quittant les abords de la Baie James, le Pays d'en Haut ou les plaines herbeuses au-delà des Grands Lacs,

Marie la Crie est bien malgré elle devenue Marie la panisse, une extrême dominée de la société canadienne du XVIIIe siècle. Pensait-elle à son ancien monde quand le bourreau lui a passé la corde au cou ?...

Sources et bibliographie

Ne figurent ici que les références qui ont le plus contribué à la rédaction de ce livre. Nous renvoyons à l'appareil de notes de bas de pages pour l'ensemble des références et de la documentation utilisées.

ARCHIVES :

Bibliothèques et Archives nationales du Québec : « Procès de Marie, Sauvage (Amérindienne) de la nation Panis, prisonnière, native d'un village Cri, âge inconnu, demeure en qualité de servante chez monsieur Châtelain (Chastelain) à Trois-Rivières, et appartient à monsieur Boucher, sieur de Niverville, accusée d'avoir donné des coups de couteaux à Marguerite Cardin et à Marie-Josèphe Châtelain (Chastelain), et de s'être pendue (cote : TP1, S777, D182, Fonds du Conseil souverain, f°338 à 397 v.).

SOURCES IMPRIMÉES :

JOUSSE, Daniel, *Traité de la justice criminelle*, Paris, 1771.
LANGE, *La nouvelle pratique civile, criminelle et bénéficiale*, Paris, 1712
MUYART DE VOUGLANS, Pierre-François, *Institutes au droit criminel*, Paris, 1757.

SOURCES EN LIGNE :

Dicionnaire biographique du Canada
Encyclopédie canadienne

ELÉMENTS DE BIBLIOGRAPHIE :

Ouvrages :

BESSIÈRE, Arnaud, *La domesticité dans la colonie laurentienne au XVIIe et au début du XVIIIe siècle (1640-1710)*, thèse de doctorat d'histoire, UQAM/Université de Paris IV Sorbonne, 2007.

BLANCHARD, Louis-Marie et Elise, *L'exploration de l'Amérique du Nord*, Paris, Paulsen, 2016.

CARBASSE, Jean-Marie, *Histoire du droit pénal et de la procédure criminelle*, Paris, PUF, réédition 2014.

CHRISTIE, Nancy, GAUVREAU, Michael, GERBER, Matthew (éd.), *Voices in the Legal Archives in the French Colonial World: "The King is Listening"*, Routledge/ Taylor and Francis Group, New York/Abingdon, 2021.

CONRAD, Magaret, FINKEL, Alvin, FYSON, Donald, *Canada. A History*, Toronto, Pearson, 2012.

CONRAD, Magaret, FINKEL, Alvin, FYSON, Donald, *History of the Canadian Peoples. Volume 1 : Beginnings to 1867*, 7e éd., Toronto, Pearson Canada, 2020.

DE MARI, Éric, WENZEL, Éric (dir.), *Les justices d'exception dans les colonies (XVIe-XXe siècles). La balance déséquilibrée de Thémis ultramarine*, Dijon, EUD, 2018.

DE MARI, Éric, WENZEL, Éric (dir.), *La magistrature ultramarine au temps du Premier Empire colonial (1500-1800)*, Dijon, EUD, 2020.

DICKASON, Olive Patrica, *Les Premières Nations du Canada. Histoire des peuples fondateurs depuis les temps les plus lointains*, Québec, Septentrion, réédition 1996.

DURAND, Bernard, FABRE, Martine (dir.), *Le juge et l'outre-mer. Tome 1 : Phinée et les leçons du passé*, Centre d'histoire judiciaire, Lille, 2005.

FONCK, Bertrand, VEYSSIÈRE, Laurent (dir.), *La chute de la Nouvelle-France. De l'affaire Jumonville au Traité de Paris*, Québec, Septentrion, 2015.

FRAÏSSÉ, Marie-Hélène, *L'impensable rencontre. Chroniques des « sauvages » de l'Amérique du Nord,* Paris, Albin Michel, 2014.

FRANCIS, Daniel, MORANTZ, Toby, *Partners in Furs. A History of the Fur Trade in Eastern James Bay 1600-1870*, Mc Gill-Queen's University Press, Kingston and Montreal, 1983.

GARNOT, Benoît, *Justice et société en France aux XVIe, XVIIe et XVIIIe siècles*, Paris, Ophrys, 2000.

GILLES, David, *Essais d'histoire du droit. De la Nouvelle-France à la Province de Québec*, Les Éditions Revue du droit, Université de Sherbrooke, 2014.

HAVARD, Gilles, *Histoire des coureurs de bois. Amérique du Nord 1600-1840*, Paris, Perrin, 2021.

HAVARD, Gilles, AUGERON, Mickaël (dir.), *Un continent en partage. Cinq siècles de rencontres entre Amérindiens et Français*, Paris, Les Indes savantes, Rivages des Xantons, 2013.

HAVARD, Gilles, VIDAL, Cécile, *Histoire de l'Amérique française*, Paris, Flammarion, réédition, 2014.

LACHANCE, André, *La justice criminelle du roi au Canada au XVIIIe siècle. Tribunaux et officiers*, Québec, PUL, 1978.

LACHANCE, André, *Crimes et criminels en Nouvelle-France*, Montréal, Boréal, 1984.

LACHANCE, André, *Délinquants, juges et bourreaux en Nouvelle-France*, Québec, Libre Expression, 2011.

LACHANCE, André, *Juger et punir en Nouvelle France*, Québec, Libre expression, 2000.

LACHANCE, André, *Vivre à la ville en Nouvelle-France*, Québec, 10/10, 2010.

La gouvernance en Nouvelle-France, Bulletin d'histoire politique, volume 18/1, 2009.

LESSART, Reynald, *Au temps de la petite vérole. La médecine au Canada aux XVIIe et XVIIIe siècles*, Québec, Septentrion, 2012.

MANDELBAUM, David G., *The Plains Cree: an ethnographic, historical and comparative study,* Canadian Plains Research Center, University of Regina, 1979.

MARLEAU, Julie, *La Juridiction royale des Trois-Rivières en Nouvelle-France : la ville, les officiers et les habitants (1663-1760)*, mémoire de maîtrise d'histoire, Université de Sherbrooke, 2014.

MORANTZ, Toby, *An ethnographic study of Eastern James Bay Cree social organization*, Ottawa, National Museum, 1983.

OKIMĀSIS, Jean L., *Cree, language of the Plains = Nēhiyawēwin paskwāwi-pīkiskwēwin*, Canadian Plains Research Center, Regina, 2004.
PAUL, Josianne, *Sans différends, point d'harmonie. Repenser la criminalité en Nouvelle-France*, Québec, Septentrion, 2012.
RATELLE, Maurice, *L'application des lois et règlements français chez les Autochtones de 1627 à 1760*, 1991.
RHEAULT, Marcel J., *La médecine en Nouvelle-France. Les chirurgiens de Montréal, 1642-1760*, Québec, Septentrion, 2004.
RUSSELL, Dale R., *18th Century Western Cree and their Neighbours*, Canadian Museum of Civilization. Hull, Quebec, 1991.
TRIGGER, Bruce, *Les Indiens, la fourrure et les Blancs. Français et Amérindiens en Amérique du Nord*, Québec, Boréal, 1992
TRUDEL, Marcel, *L'esclavage au Canada sous le régime français. Histoire et conditions de l'esclavage,* Québec, PUL, 1960.
WENZEL, Éric, *La justice criminelle en Nouvelle France. Le* Grand Arrangement *(1670-1760)*, Dijon, EUD, 2012.
WENZEL, Éric, DE MARI, Éric (dir.), *Thémis outre-mer. Adapter le droit et rendre la justice dans les colonies (16e-19e siècles)*, Dijon, EUD, 2015.

Choix d'articles :

BISHOP, Charles A., « Territorial Groups before 1821: Cree and Ojibwa », *Subartic*, Smithsonian Institution Washington, volume 6, 1981, p. 158-160.
DELÂGE, Denis, GILBERT, Étienne, « Les Amérindiens face à la justice coloniale française dans le gouvernement de Québec, 1663-1759 », *Recherches amérindiennes au Québec*, vol. 33, 2003 p. 79-90 et n° 34, 2004, p. 31-42.
DESLANDRES, Dominique, « Voix des esclaves autochtones et des esclavagistes : un cas d'histoire intersectionnelle dans les archives judiciaires de la juridiction de Montréal », *Les Cahiers des Dix*, n° 72, 2018, p. 145-175.

GILLES, David, « La norme esclavagiste, entre pratique coutumière et norme étatique : les esclaves panis et leur statut juridique au Canada (XVIIe-XVIIIe s.), *Ottawa Law review – Revue de droit d'Ottawa*, n° 40/1, p. 73-114.

GRABOWSKI, Jean, « French Criminal Justice and Indians in Montreal, 1670-1760 », *Ethnohistory*, vol. 43, 1996, p. 405-429

HONIGMANN, John J., « West Main Cree », *Subartic,* Smithsonian Institution Washington, volume 6, 1981, p. 217-230.

SMITH, James G.E., « Western Woods Cree », *Subartic,* Smithsonian Institution Washington, volume 6, 1981, p. 256-270.

WENZEL, Éric, « La procédure criminelle au Canada sous le régime français (1670-1760) : un exemple d'adaptation de la norme juridique à l'époque du premier empire colonial », *Revue historique de droit français et étranger,* n° 93 (1), 2015, p. 103-114.

Table des matières

Structures éditoriales du groupe L'Harmattan

L'Harmattan Italie
Via degli Artisti, 15
10124 Torino
harmattan.italia@gmail.com

L'Harmattan Hongrie
Kossuth l. u. 14-16.
1053 Budapest
harmattan@harmattan.hu

L'Harmattan Sénégal
10 VDN en face Mermoz
BP 45034 Dakar-Fann
senharmattan@gmail.com

L'Harmattan Cameroun
TSINGA/FECAFOOT
BP 11486 Yaoundé
inkoukam@gmail.com

L'Harmattan Burkina Faso
Achille Somé – tengnule@hotmail.fr

L'Harmattan Guinée
Almamya, rue KA 028 OKB Agency
BP 3470 Conakry
harmattanguinee@yahoo.fr

L'Harmattan RDC
185, avenue Nyangwe
Commune de Lingwala – Kinshasa
matangilamusadila@yahoo.fr

L'Harmattan Congo
67, boulevard Denis-Sassou-N'Guesso
BP 2874 Brazzaville
harmattan.congo@yahoo.fr

L'Harmattan Mali
ACI 2000 - Immeuble Mgr Jean Marie Cisse
Bureau 10
BP 145 Bamako-Mali
mali@harmattan.fr

L'Harmattan Togo
Djidjole – Lomé
Maison Amela
face EPP BATOME
ddamela@aol.com

L'Harmattan Côte d'Ivoire
Résidence Karl – Cité des Arts
Abidjan-Cocody
03 BP 1588 Abidjan
espace_harmattan.ci@hotmail.fr

Nos librairies en France

Librairie internationale
16, rue des Écoles
75005 Paris
librairie.internationale@harmattan.fr
01 40 46 79 11
www.librairieharmattan.com

Librairie des savoirs
21, rue des Écoles
75005 Paris
librairie.sh@harmattan.fr
01 46 34 13 71
www.librairieharmattansh.com

Librairie Le Lucernaire
53, rue Notre-Dame-des-Champs
75006 Paris
librairie@lucernaire.fr
01 42 22 67 13

www.ingramcontent.com/pod-product-compliance
Lightning Source LLC
LaVergne TN
LVHW051407061026
849535LV00009B/3402
* 9 7 8 2 3 4 3 2 4 1 3 2 6 *